Luciana Littizzetto

LA JOLANDA FURIOSA

MONDADORI

Dello stesso autore
nella collezione Biblioteca Umoristica Mondadori

Sola come un gambo di sedano
La principessa sul pisello
Col cavolo
Rivergination

nella collezione Oscar

Sola come un gambo di sedano
La principessa sul pisello
Col cavolo
Rivergination

La Jolanda furiosa
di Luciana Littizzetto
Collezione Biblioteca Umoristica Mondadori

ISBN 978-88-04-58341-7

© 2008 Arnoldo Mondadori Editore S.p.A., Milano
I edizione dicembre 2008

Indice

La Jolanda furiosa

Ai miei

"Devi sapere cosa vuoi altrimenti devi prendere cosa viene."

SCRITTA VISTA IN UN RISTORANTE CINESE

Ti faccio un pensierino

Buon Natale, buon anno, buone feste. Comment ça va? Abbastanza bien? C'avete dato dentro col cibo e vi è venuta la pancia a forma di panettone? È perché mandate giù senza masticare, come i pitoni. Avrete ormai il colesterolo che è esondato dagli argini. Mi sa che siete di quelli che dopo il pranzo di Natale alla sera dicono: "Stasera solo un brodino... al limite un po' di insalata che mi lava la bocca". Poi aprono il frigo, vedono lo zampone che li saluta, un avanzo di tacchinella, un brandello di mostarda e van giù di mandibola come pescecani... Adesso vi dico cosa mi ha portato Babbo Natale: due libri d'arte. Sono ancora qui che gioisco. I libri d'arte sono quei libroni enormi che si regalano quando non sai cosa regalare. Oppure quando uno dice: "Tanto ha già tutto...". Infatti. Ha già tutto, non gli manca certo una muraglia cinese del genere. No, perché ti arrivano a casa 'ste tavelle da muratore, 'sti libri enormi che sembrano editi da Polifemo, volumi grandi come chiatte che non sai dove mettere... non esistono scaffali per contenerli, perché non sono libri, sono laterizi. Dovrebbero regalarti anche una libreria allegata. Poi, per farli pesare di più, gli fanno la copertina in ardesia e pagine enormi che per sfogliarle devi procurarti un argano. Se ti cade uno di quei libri di punta sul piede ti maciulla l'alluce. Te lo polverizza. "Peccato, perché dentro hanno foto bellissime." Sì, però di cose di cui non te ne può fregare di meno. I pinoli della Val Pierpetta, Le rose rosa della nonna Pinuccia, Le grandi muffe del Gorgonzola, Manubri nel mondo, La vita delle api operose dell'altipiano di Asiago dal 1400 a oggi. I libri d'arte fanno parte della categoria degli oggetti che compaiono solo a Natale e poi per fortuna spariscono dal commercio. Improvvise epifanie di orrori difficili da smaltire. Sarà che io non capisco 'sta mania del dono a tutti i costi. "È solo un pensierino." Eh sì. È solo un pensierino ma brutto. Quando pensi a me, pensi così male? Allora guarda, fa' una roba. Il prossimo anno non pensarmi. Pensa a qualcun altro. Fammi 'sto santo favore. Oppure pensami bene. Mi basta un ramo di bacche rosse e mi sento già pensata meglio. Risparmi tempo, soldi, benzina e logorio di nervi.

Comunque pare che il regalo più gettonato anche quest'anno sia l'interventino chirurgico. Anche per i nostri politici. D'altronde c'è chi approfitta delle vacanze per andare a sciare o a fare un corso di sub, e chi per farsi il tagliando. Però che tempra. Questi si fan levare la prostata, operare al cuore, così, con nonchalance... e poi tac... belli pimpanti come prima. Io per riprendermi da un'influenza ci metto dieci giorni. Questi son fatti di piombo fuso. Han sette vite come i gatti e ce le fanno scontare tutte. Capisci perché non si rinnova mai la classe politica? Perché si cambiano i pezzi. Così durano per sempre.

Io ho fatto il mio bel proposito per l'anno nuovo. Vorrei fare la valletta delle telepromozioni. Mi piacciono da matti quelle mute che accarezzano i materassi. Le adoro. Il tipo pontifica sui pregi della materassa e queste prendono la coperta di lana merino e se la passano sulla faccia. Se la sfregano sulle guance gongolando. Ma in continuazione. Come se fosse una cosa che normalmente una casalinga fa. Di passarsi il plaid sulla faccia finché non le vengono i capelli elettrici. Devo provare anch'io. Così almeno quando Davide mi dice che son cretina un motivo ce l'ha.

Compriamo l'Alitalia

Su. Diamoci una mossa. Facciamo qualcosa di utile. Compriamo l'Alitalia. Facciamo una cordata anche noi. Tanto ne spunta una nuova ogni giorno. Avete notato? Il giorno prima la comprano Rockerduck, l'omino Bialetti e Pino Tre Dita. Il giorno dopo Gustav Thoeni, lo speck Südtirol e gli amici della tinca di Ceresole d'Alba. Quello dopo ancora i veterinari dell'amaro Averna, sorella Ebe, il maestro Mazza e Stanislao Moulinsky in uno dei suoi più riusciti travestimenti. Sarà che sto diventando anziana e mi inacidisco come la ricotta fuori dal frigo. Però davvero. Che si trovi una soluzione, perché chi viaggia come me di questi tempi va giù di testa. Dicevamo dell'Alitalia. Io e una nutrita schiera di sfigati sabaudi l'altra sera siamo stati fermi tre ore perché non si capiva una mazza di quello che era capitato al nostro aereo. Lo so che parlar male dell'Alitalia è un po' come sparare sul TG4, ma io dico solo questo. A parte che tu prendi l'aereo per arrivare prima, altrimenti prenderesti la macchina o la bici... ma non è questo il problema. Dicevo. Può capitare che l'aereo sia in ritardo. Che ci sia stato un casino qualsiasi, che quelli del volo precedente siano stati particolarmente maiali e abbiano rovesciato tutti i salatini sui sedili, che il pilota abbia avuto la cagarella e sia dovuto andare a cercare i fermenti lattici. Va bene. Ma dimmelo, santo cielo. Spiegamelo a voce. Non che se io ti chiedo tu mi tratti come un cretino. E mi rispondi male. Tu che sei "personale di terra". Personale di terra ma con la faccia di tolla però. L'Alitalia è lì che tra un po' se la compra una bocciofila e la mette in palio alla lotteria insieme all'uovo di Pasqua, e loro quei quattro clienti che hanno li trattano di emme. E sai perché? Perché manca il padrone, manca il signor Alitalia. È uno spirito, un poltergeist, un'entità extraterrena. Se io compro la bresaola dal salumaio e mi accorgo che puzza, e il giorno dopo torno da lui e gli dico: "Ma lo sa che la sua bresaola puzza di muffa e misto bosco?", quello non dorme la notte. Ma se io vado dal personale di terra di una cosa che non ha un padrone, cosa vuoi mai che gliene freghi? Se io domani non volo più quello che è stato maleducato con me ci rimette qualcosa? Niente, salvo poi andare a piangere se l'Alitalia va definitivamente, totalmente e completamente nel... e qui mi fermo per non dire culo. Io passeggero sarò anche aggressivo, ma tu non mi devi rispondere: "Non ha sentito l'annuncio?". Minchia. L'annuncio.

Bersani? Mi rivolgo a lui perché mi dà sicurezza. Anche se sta nell'ombra. È un'ombra che ha un che di solido.

Bersa? Abbiamo una tasca che è piena e l'altra che versa. Tu che tutto puoi, tu che fai girare le balle ai tassisti come loro fanno girare il tassametro a noi, puoi fare un miracolo? Potresti fare in modo che dagli altoparlanti degli aeroporti e delle stazioni si capisca qualcosa di quel che viene detto?

Tu sei all'aeroporto e senti: "L'imbarco per il volo aztrrrrrrnndici diretto a nannera... è spostato al gate nnndddddiotto". Una mazza. Non si capisce una cippa.

Alle stazioni invece senti: "Il treno proveniente da grdrdrdrdrd e diretto a boftefsdj è in arrivo sul binario ffteftfd". Ma lo fanno apposta? Mettono delle cornacchie al posto degli speaker? Fanno gli annunci con in bocca una rana viva? Tu senti l'annuncio e vedi la gente che corre di qua e di là come le formiche quando togli il sasso da sopra il formicaio. Ma anche il più stitico impianto di Karaoke da cinquanta euro che trovi al supermercato, funziona meglio, Bersi! Bersi, se vuoi che io diventi la tua bersagliera, fai qualcosa. Dillo tu a Fantozzi. (Se il capo della baracca è uno che si chiama Fantozzi non è che si può tanto pretendere.) Oppure dillo a Brunetta. Che quello è alto come un cerino ma ha l'energia di un cinghiale della Val di Lanzo. Avvelenato. Mi ricorda la signora Geltrude, la direttrice del Collegio Pierpaolo Pierpaoli, quella invasata che rincorreva Gian Burrasca intorno al tavolo camminando sulle ginocchia.

Anche Bossi tocca dire che non perde un colpo. Quest'estate ha fatto di nuovo vedere a tutta Italia quanto ce l'ha lungo. Per fortuna stavolta il dito medio. Io lo valuterei già come un piccolo passo avanti. È l'unico che quando parla trova il modo di avere sempre le prime pagine dei giornali perché spara delle robe talmente fuori dalla grazia di dio da far restare tutti a bocca aperta. "Garibaldi era un cretino, abbiamo un sogno nel cuore, bruciare il tricolore. Prendiamo i fucili e liberiamo l'Italia. Che schiava di Roma tiè!" Silenzio. Tutti zitti. Ma per forza! Perché tutti aspettano di vedere come va avanti. Pensi: "Cosa dirà adesso? Che Cavour era un pirla, Mazzini era gay, e Donna nana tutta tana?". E Calderoli il giorno dopo arranca, perché non capisce cosa vuole il capo, ma pretende lo stesso di rincarare la dose: "Sìì! Portiamo un porco a far pipì dove devono fare la moschea, Leonardo da Vinci rubava i Ferrero Rocher e Charlot era un mimo di merda!".

Restano tutti sbacaliti compreso Fini, che se è inquadrato quando parla Bossi sembra che la mascella gli resti attaccata alla testa solo per due fili come alle marionette. Come quella volta che sempre Calderoli è saltato su dicendo: "Basta con la bandiera tricolore. Mettiamola nel cassetto". Be', guardiamo il lato positivo: il suo capo voleva buttarla nel cesso... A parte che nel cassetto la mettiamo già. Non è che andiamo in giro tutti i giorni con la bandiera sulle spalle come quando vinciamo i Mondiali.

Comunque: Calderoli dice che il tricolore è vecchio – c'ha più di duecentodieci anni, ha fatto il suo tempo – e propone una bandiera nuova, federale, più moderna con sopra il simbolo della Padania, i quattro mori della Sardegna e i Vespri siciliani. Tipo una pizza quattro stagioni, se ho ben capito. È un po' il gusto estetico di Robertone che mi ha sempre colpito... la sobrietà. Per la bandiera con il simbolo della Lega, i mori sardi e i Vespri siciliani direi comunque bene. Io ci metterei anche Pulcinella, capitan Harlock e una foto della Vanoni. Adesso, per carità, ma voglio dire: e i vescovi che si preoccupano che non diventiamo tutti poligami... e Calderoli che vuole la bandiera fantasia come i pigiami dei neonati con sopra i trenini, gli ippopotami e le fisarmoniche...

Mi chiedo: "Ma in mezzo al casino in cui siamo, che c'abbiamo dei siluri che volano da tutte le parti, non abbiamo niente di più utile da fare? Dobbiamo metterci proprio a cambiare la bandiera?". Pettiniamo i bruchi allora? Quelli coi peli li prendiamo uno per uno e gli facciamo la riga in mezzo? Togliamo la buccia alle castagne prima di farle arrosto? Che si diventa matti... Leghiamoci i lacci delle scarpe insieme uno con l'altro e poi mettiamoci a correre.

E adesso il peggio è che ricominceranno pure i dibattiti televisivi. Sarà che mi stan diventando le orecchie sensibili come quelle dei cani da caccia, ma non sopporto più la gente che litiga, grida e si interrompe a vicenda. Non si riesce mai a capire quello che dicono, uno ruba la parola all'altro, sembra una gara a chi ce l'ha più lungo, e dire che hanno anche una certa età e dovrebbero essersi rassegnati ciascuno alla sua misura. Come comincia a parlare uno c'è subito l'altro che fa: "Guardi la devo interrompere subito". Ma minchia!? Aspetta un minuto, infame. Il tuo rivale sta dicendo una boiata? E fagliela finire... sarà mica la prima boiata che senti nella vita! Tanto comunque quello che aveva cominciato a parlare mica molla! Di solito si incanta e ripete sempre la frase: "Mi faccia finire, mi faccia finire, mi faccia finire...!". Gli parte il disco, il conduttore si aggiunge al coro e c'è quel bel crescendo dove non si capisce più niente e ciascuno dice quello che vuole.

Io sogno un dibattito televisivo dove chi partecipa accet-

ta la regola di partenza che è la seguente: o uno lascia finire l'altro prima di parlare o dalla poltrona scatta un dito di
gomma che gli fa l'esame prostatico. Vedrai che non si in-
terrompono più. E se dovesse capitare lo noti subito perché
all'interrompitore vengono di colpo gli occhi sporgenti come
quelli dei ghiri e tace.

Regolamentiamo i trailer

Festival del cinema di Roma. Grande successo. Gran sbattimenti. Tappeti rossi a strafottere. Volevo solo fare un appellino piccolo a quelli dell'Anicagis. Chiedere una cosina sui trailer, sapete la pubblicità che al cinema c'è prima che parta il film e che vi serve per vedere dove mettete il tafanario – che aspettiate lo scoppio della bomba o l'alba in Patagonia – per essere sicuri che non vi state sedendo in braccio a un altro. È possibile selezionare i trailer del film al cinema in modo che quando portiamo i bimbi a vedere un cartone animato non siamo costretti a beccarci prima lo scavatore di ossa e il trapanatore di bulbi e lo sgozzatore di Tebe?

Porti i bambini a vedere film tipo *Shrek* e prima ti mettono una mezz'ora di trailer con secchiate di sangue, uno con la sega a motore che fa l'insalata russa con suo cognato, mutanti col trinciapollo che si fanno un pinzimonio con le dita dei piedi. "Eh ma il commercio..." Eh ma se tutte le cose sbagliate diventano giuste per via del commercio allora perché non legalizziamo anche la camorra, spianiamo il Gargano e vendiamo i formaggi con dentro i sorci? Non dico mica di levare i trailer... Però se proietti *La paperina in rosa* almeno non mettere il trailer di *Mister Pingone che stupra la vedova e seziona il barbone!*

E poi ho un'altra richiesta. Potete smetterla di fàre film lunghissimi? No, perché una volta il film durava i classici novanta minuti, un'ora e mezzo. Adesso capace che duri centottanta minuti. Tre ore. E che cavolo! Non è più possibile fare film e pizza. Perché quando esci dal cinema è notte fonda e tu sei sverso. Prima del film non puoi mangiare la pizza perché è ora di merenda, quando esci puoi fare colazione...

Senza contare che si è persa anche quella bella usanza dei tempi andati del film che "finiva", che chiudeva la storia, ti raccontava tutto dalla A alla Z, e tu uscivi dal cinema sapendo come era finito. Adesso van di moda i finali aperti, che tu esci e ne sai meno di quando sei entrato. Come se ci raccontassero *Cenerentola* così: "... e il principe iniziò a girare per cercare la ragazza a cui stava la scarpina di cristallo. L'avrà trovata? Non l'avrà trovata? E chi può dirlo? Fine". EH NO! Tu me lo devi dire come va a finire, pirla. L'ha trovata o non l'ha trovata, 'sta deficiente che perde le scarpe quando corre!? La scarpina, il principe, l'ha poi infilata nel piede di Cenerentola o se l'è messa lui ed è andato a trans? I topi di Cenerentola vivranno felici e contenti o il principe chiama la derattizzazione? Niente. "Eh ma è il cinema nuovo..." Il cinema nuovo una cippa! È che non sei capace a tirare fuori un finale che non faccia cagare, ecco la verità.

Oppure trovi film a cui manca il finale perché sono a puntate. Tu ti becchi tre ore di battaglie, duelli, scontri, viaggi pericolosi e misteri, e poi la storia non finisce. Sei lì che aspetti di sapere finalmente se Astrufasu, l'eroe del bene, riuscirà a recuperare la Spada Magica che gli Gnufli gli hanno fregato tre ore fa per darla al perfido Robuster, e invece niente. Ciao le balle. Se vuoi sapere come va a finire, devi aspettare minimo due anni. Tutti così. *Il Signore degli anelli*, *Matrix*, *Le cronache di Narnia*, perfino *Harry Potter*, se non li hai visti tutti non capisci una mazza. Inizi che sei ragazza e finisci che hai un paio di figli, praticamente si cresce insieme.

Ma ho voglia, io, di crescere insieme a Frodo? A un hobbit? Ho voglia, io, di vedere se alla fine questo gnomo di merda vince contro il male o viene infilato nello spiedo insieme a due fagiane? Dico subito no. Invece del prossimo episodio di questi film, vado a vedere un bel porno. Almeno finiscono tutti nello stesso modo.

Tasso di espansione

Certo che l'attualità gronda sempre di belle notizie. Stragi sui treni, nonni morti rinchiusi nel congelatore, mamme disperate, trapianti di organi infetti, e la Somalia, e l'Etiopia, e il Gange inquinato, che ci fai il bagno dentro per purificarti e ti viene la salmonella, e gli orsi bianchi che tirano le cuoia perché sono senza ghiaccio, e il Mediterraneo che sale e tra un po' peschiamo le capesante a Vercelli, e quelli che rubano gli occhi dei morti, e i vescovi che fanno le spie, e Mosca che ci chiude i tubi del gas... e Ustica, e Garlasco... ma come si fa a svegliarsi con un po' di speranza?

C'era solo una cosa che me la faceva ritrovare, la speranza. Il sole. Le belle giornate di sole. Le prime gemme che spuntano sulle piante. Ieri ho visto dalla finestra di casa mia che sono fiorite le rose. Mi è spuntato il sorriso. Poi ho pensato: "Siamo a Natale, è colpa dell'effetto serra". Porca eva. Quindici gradi a Torino. Non è speranza, questa. È l'Apocalisse. Fiorita.

L'unica bella notizia è che nelle acque dell'Antartide hanno pescato un calamaro gigante grosso come una seicento con gli occhi delle dimensioni di un copertone, come sarò io a cinquant'anni se non smetto di gonfiarmi di agnolotti. Io pensavo che fosse una specie di mostro marino, invece ho scoperto che esseri anomali come questo nel mondo animale sono sempre esistiti, come nel mondo umano abbiamo esemplari tipo Giampiero Galeazzi o Giuliano Ferrara. Il vantaggio è che in pesci come questi non devi spremerti per vedere se l'occhio è fresco, visto che è grosso come la ruota di un TIR. Dovrebbe recuperarlo la Clerici e fare una bella puntatona della *Prova del cuoco* in prima serata. Con sessanta cuochi con la farina fin sotto gli occhi che lo impanano e altri due con un cric che lo alzano per metterlo nel padellone. Si vede che anche i calamari non possono combattere più di tanto contro i chili in eccesso. Come noi umane purtroppo. Comunque.

Che la Terra stia andando in malora questo è risaputo. D'altronde la stiamo spompando in tutti i modi... Non abbiamo ancora assimilato questo concetto. Che la Terra non è una miniera inesauribile, non è un pozzo senza fondo. È un pozzo sì, ma col fondo. E noi lo stiamo allegramente raschiando.

Amici potenti del mondo? Potent men? Invece di trovarvi ogni tanto tutti insieme a gozzovigliare che poi vi viene la cagarella, pensate seriamente a quel che sta capitando al pianeta. Non basta dare un prezzo alle risorse più rare, tipo petrolio o altro, per risolvere il problema. Anche le cose più care, anche quelle carissime finiscono. Non è che le cose care non si esauriscono. Si esauriscono lo stesso purtroppo. Faccio un esempio. Il tartufo. È raro, è pregiato, costa una mazzata. Ma gratta oggi, gratta domani, prima o poi finisce. Finisce che ti gratti i polpastrelli. Anche le caramelle dell'erboristeria al miele d'api del re di Persia col mentolo raffinato a mano dai frati cappuccini, che sono care come il fuoco, succhia oggi, succhia domani, finiscono. Minchia se finiscono. Anche quelle e prima delle altre!!! E allora il segreto è centellinarle. E così per le risorse. Risparmiare, non aumentare i prezzi. Però se la Terra va in malora perché consumiamo troppo, perché tutti i politici continuano a parlare di "crescita", di tasso di crescita, di crescita globale che deve aumentare a tutti i costi? Io non sono un economista, ma mi pare di capire che c'è qualcosa che non va. Che il fatto che una roba cresca a dismisura non è detto che sia una cosa positiva. Per niente. E soprattutto che nessuna crescita può essere illimitata, come dimostra anche la mia modesta persona. Se si dà da mangiare a raffica ad un neonato, il fatto che poi a tre mesi venga a pesare dieci chili, per dire, non è affatto un segnale positivo. Non hai più un neonato. Hai un trotone con le gambe a x che se frega le cosce insieme fa le scintille come i tram. Il suo tasso di espansione non è benefico. Non è che puoi fargli fare i campionati di wrestling a novanta giorni.

Faccio un altro esempio. Se uno ha un pesciolino rosso in casa e insiste a gonfiarlo di cibo, prima diventa obeso, poi si gonfia come una foca, e alla fine esplode e viene giù il condominio.

Va be'. Torniamo ai segnali positivi. Uno c'è. Barack Obama. Non so se vi è giunta voce. Barack Obama ha vinto le elezioni americane. Adesso "Obama è come noi" lo dicono tutti: destra, sinistra, centro, moderati riformisti, Volkspartei, comunità valdese e Union Valdôtaine. Adesso vogliono essere tutti maschi, alti, belli e neri. Anche la Binetti. Veltroni si sta rifacendo il naso, piatto e larghino, Berlusconi ha una mezza idea di farsi i capelli mossi e ha cominciato a fare le lampade. Fra un po' lo vedremo da Vespa che canta: "Jump down turn around pick a bale of cotton..." due ottave sotto. Perché si sa. Gli americani fanno la storia, noi il folklore. Te lo metto per iscritto adesso. Per come siamo fatti noi vedrai che adesso Obama, Obi, ce lo ficcheranno ovunque fino allo sfinimento come la rughetta, i pomodori pachino e le penne alla Vodka degli anni Ottanta. Ci saranno i ristoranti che faranno il risotto Obama, al nero di seppia, ci sarà il lucido da scarpe marrone testa di Obama, i genitori chiameranno il figlio Obama invece che Venerdì e lì è già un bel passo avanti, i cellulari invece della tariffa weekend avranno la "we can", io posso, paghi finché puoi dopo ti pignorano il telefonino, e tornerà di moda l'espressione: "Prendo tutto, Barack e burattini".

Ma quello che volevo dire è questo: che minchia di responsabilità! Obama ha solo tre anni più di me... E poi sembra sempre tranquillo. Se è tranquillo veramente, però, è scemo. Avessi dovuto fare io il discorso della vittoria mi sarebbe venuta la lingua secca che mi usciva dalla bocca a scatti come le lucertole, e avrei tenuto strette tutte le fessure da diventare stagna come un sommergibile.

Tanto non c'è problema perché di me non si fida nessuno. Figurati. Alle assemblee di condominio non mi fanno neanche fare il segretario, quello che firma il verbale. Se c'è un incarico di minima responsabilità mi guardano in faccia e fan no con la testa. Emano odore di inaffidabilità. Il mio personale profumo: "Inaffidabìl".

Io inquieto. Se uno va via per due settimane e mi dà i gerani da bagnare prima li abbraccia, come fosse l'ultima volta che li vede. Ho fatto solo la testimone di nozze a mio cugino che me lo ha chiesto perché gli facevo pietà. E ha fatto male, perché mi son commossa e il rimmel mi è colato. Sembravo una puzzola con due righe nere che mi arrivavano fino al colletto.

Chiamiamola Jolanda

Ci sono poche certezze nella vita. La prima è che a Pasquetta piove. Poi, che se hai solo un weekend per andare al mare avrai certamente il ciclo, che dove c'è un vigile c'è un ingorgo e che a Sanremo, crollasse il mondo, ci saranno sempre due vallette: la bionda e la mora. Bipolarismo, alternanza democratica. L'ultima volta a leggere i nomi sembrava che una novità ci fosse e cioè che la bionda fosse un trans, chiamandosi Andrea. Invece niente. È ungherese e da quelle parti Andrea è nome femminile. È sempre bello leggere le dichiarazioni delle prescelte: "Che gioia lavorare con Pippo, che pippa lavorare con gioia", e poi soprattutto la frase: "Non siamo le solite vallette". Ah no? E cosa siete di grazia? Primari di cardiochirurgia? Ambasciatrici dell'ONU? Campionesse di salto in lungo? Io non capisco. Se accetti di fare la valletta a Sanremo non c'è mica niente di male. Perché ti devi vergognare? Ma ringrazia, che c'è la coda. Credo che sia un problema di immagine, questione che francamente pur essendo una donna di spettacolo mi tange pochino. Non sono una da autoreggenti con fettina di coscia che fa capoccetta, pronta a posare il mio sontuoso retrotreno in una delle poltroncine di Vespa. Tra l'altro. Avete notato? Le bellone quando sono ospiti in qualche salotto televisivo si siedono storte. Per mostrare le cosce stan tutte

oblique... in bilico... ma come fanno? Si mettono sotto il sedere uno spessore a cuneo come i fermaporta? Stan lì delle
ore a pendere come la torre di Pisa. In punta di culo sulla
poltrona. Una coscia appoggiata sull'altra ma con il collo
del piede non a martello, no. Ben stirato verso il basso, che
mostri la caviglia sottile. Inchiodate. Così. Per ore. Ma per
star ferma così tanto tempo come devi tenerle le chiappe?
Strettissime! Finisce che ti viene poi un gluteo sproposita-
to... un caciottone muscoloso... e l'altro rimane offeso... un
cecio secco. E se poi tu per caso chiedi a una di queste ve-
neri: "Si mette così per far vedere le gambe?" cascano tutte
giù dal pero come quaglie sparate dal fucile. "Io? Ma assolutamente no, sto così per comodità... " Certo. E noi siamo
tutti scemi. No, perché io dico, ma se una va in televisione con la gonna così tanto sopra il ginocchio, e accavalla le
gambe lasciando le cosce così tanto scoperte, come fa a essere certa, sicura, convinta, arcitranquilla che accavallan-
do le gambe non si veda la... Ora: come la chiamiamo? La
chiamiamo come un partito? La cosa rossa? Chiamiamola
la Domitilla? La Calimera e Calispera? La Tartallegra? La
Scaldasonno? La bella gigogin? L'incredibile Ulka... Starga-
te... Chiamiamola Jolanda. Ecco. Dicevo. Come si fa quando si va in televisione con quelle gonne così corte e le cosce
così scoperte a essere arcicerte che non si veda la jolanda?
Secondo me quelle lì quando vanno in televisione la lasciano a casa. Sul tavolino dell'ingresso. Insieme al guin-
zaglio del cane.

Che rottura di walter

Due notizie strong. Il dovere di cronaca, si sa... Qualche giorno fa un signore inglese è andato in una toilette pubblica a Dudley, in Inghilterra, ed è uscito con un water appiccicato alle chiappe. Sì. È andata proprio così. Si è seduto sul water, e, diciamo, lì è rimasto. Qualcuno per fare uno scherzo aveva cosparso di colla l'asse... Che scherzo delizioso. A me fan sempre ridere gli scherzi... per esempio da piccola tutte le volte che mio padre scendeva dalla macchina per far benzina gli suonavo il clacson. Paaatt... Faceva dei salti che sembrava un tappo di Gancia spumante... Meglio che la storia del cesso non prenda piede perché è un attimo che gli stilisti ci facciano su una nuovissima collezione. Già me lo vedo sfilare in passerella un disgraziato con un water incollato al derrière per la moda primavera-estate Pozzi Ginori.

Altra notizia. Gli italiani si sa che son molto focosi a letto però pare che debbano fare un pochinino più di attenzione, perché un rischio che va molto di moda di questi tempi è la rottura del walter. Sì. Dicono che ogni anno circa un centinaio di maschi si spacchino il... non in senso metaforico ma proprio in quello fisico. Tre-quattro l'anno nella sola provincia di Treviso. Che lì sembrava che ce l'avessero di legno massello. Delle grolle. Invece... Ma io non credevo che si potesse rompere, come una clavicola o un femore. Pensavo fosse flessibile. No, perché non capita mai di sentirsi dire da un amico: "Scusa, stasera non posso venire a cena, sai, mi sono fratturato il pene". Secondo me in questo momento tutti gli uomini che stan leggendo saranno lì con le mani a coppa sugli amici di maria come terzini in barriera durante una punizione. Comunque. Non pensavo che fosse possibile. È come pensare che si rompa un würstel. È difficile. Al limite si piega tantissimo, si sgnecca, si appiattisce, si sfuffa ma si rompe solo col coltello. Invece no. Il würstel umano si rompe. E quali sono le cause di questa frattura? Andrei a dirvele perché, almeno a noi donne, fanno abbastanza ridere. Sono quelle scritte nelle cartelle cliniche dei malcapitati: "Rotolamento nel letto sopra proprio ciciu". Presente la trottola? Vrrrrrr... vrrrrr... tipo breakdance... Poi, altro motivo: "Caduta da mountain bike". Ma come, cadi dalla mountain bike e ti rompi il pisello? Con tutto quello che puoi romperti? Ti pianti come un cavatappi? La classica spada nella roccia. Anche "caduta della tavoletta del wc..." non è male. Perché ha quella sfumatura di fantascienza che piace. Ma quanto doveva misurare il walter in questione per arrivare al bordo e... patan essere colpito dalla tavoletta? Quanto l'indice di ET. Oppure il malcapitato si è messo in ginocchio e se lo è ghigliottinato da solo... Ma forse la migliore di tutte è questa: "Caduta accidentale notturna dopo essere inciampato sul cane che dorme a fianco del letto". Un cane di ceramica forse. Sai quelli che andavano di moda qualche anno fa. Il cane vivo al limite te lo morde, non te lo sbriciola. L'unica cosa che consola è che la maggioranza dei casi riguarda uomini non sposati. Meno male perché già dobbiamo curarvi raffreddori, cervicali e lombaggini, ci manca ancora che dobbiamo bendarvi il pisello.

A proposito. Ho letto che i single spesso mettono da parte i propri tesoretti per interventi di chirurgia estetica. E dopo l'operazione le donne fanno pure outing. Gli uomini no. Anzi, per niente. Ennesima differenza tra noi e voi. È comprensibile. Se prima al posto delle tette avevi due nocciolini di Chivasso e improvvisamente ti spuntano due bei maritozzi ripieni sei costretta a dare spiegazioni. Se fino a ieri avevi un naso a cannolo e dopo un po' viaggi con un gianduiotto che punta all'insù, due parole di commento te le devi preparare. Per il maschio è diverso. Anche perché pare che l'intervento estetico a cui gli uomini si sottopongono con più frequenza sia il ritocco del pisello. Per dirla scientificamente: il potenziamento dell'organo sessuale. E attenzione. Non si parla di funzionalità dell'arnese ma soltanto di migliorla estetica. Si allunga e si ispessisce l'ambaradan. Ma la cosa devastante è che il maschio non si tortura per far più bella figura con le pollastre bensì per tirarsela da figaccione con gli altri maschi. Quelli con cui gioca a calcetto e soprattutto con i quali condivide il terribile e temutissimo momento della doccia. Quando i pendagli sballonzolano lieti e chi c'ha un grande cocomero gode mentre tutti gli altri rosicano. Tutto lì. Son robe da maschi. Visto che quando c'è da parlare male degli uomini non mi tiro mai indietro, ho letto pure che, mentre per l'allungamento i benefici sono solo visivi, l'ispessimento qualche soddisfazione la dà. Però a me fa un filo senso. Si preleva un po' di pelle da qualche parte e si arrotola intorno al ciciu. Così diventa un po' più cicciotto. Un involtino. Manca solo la foglia di verza e lo stuzzicadenti. Insomma. Tutto 'sto lavorone ma poi il maschio non confessa. Non dice: "Cara mia tu ti sei rifatta gli zigomi come Scream ma vedessi il mio coso, è ancora viola come una melanzana". Niente. Aumenta di una taglia la mutanda ma non dice una parola.

Decreto Maroni

Primi effetti del decreto Maroni, quello contro la prostituzione. Il decreto Maroni, lo dico per quelli che non hanno l'abitudine di rifornirsi di topa a pagamento, ficca le multe a chi va con le prostitute. Fra i fortunati è stato beccato tra l'altro un assessore comunale di Pavia, mentre stava contrattando un po' di piacevole compagnia con una signorina nigeriana.

Mentre era lì, gli è piombata sulle piume una pattuglia di vigili in moto, la ragazza è scappata, tra l'altro in tanga, come una dell'*Isola dei famosi*, e lui l'han fermato. E si è beccato cinquecento euro di multa. La cosa divertente è che lui ha cercato di giustificarsi dicendo che era uscito di casa per comperarsi le sigarette. E lì tocca dire che poteva fare meglio. Infatti i vigili gli han chiesto: "E come mai lei compra le sigarette da una prostituta nigeriana in tanga? La signorina è forse tabaccaia? Ha la T di tabacchi luminosa sul derrière?". Se ne poteva preparare una meglio, di balla, cosa che consiglio a chi va a prostitute. Eccone tre buone. Diretta e senza fronzoli: "Stavo giustappunto domandando alla signora se era prostituta. Sono il nuovo inviato di Santoro". O anche: "Mi stavo facendo fare un autografo su un biglietto da 50 euro, l'ho scambiata per Naomi Campbell...". Oppure, facile: "Permette agente, le presento mia moglie". Vedrai che fioccheranno i ricorsi come per le multe. Ci sarà gente che dirà: "No, non ero io alla guida ma mia nonna che va a prostitute abitualmente dal 1966". Mi sa che 'sto decreto non serve mica. Forse perché non credo che andar per lucciole possa essere considerato reato. Al limite peccato per chi crede, ma se si tratta di adulto e per di più consenziente... Infatti le lucciole son già incazzate nere e hanno minacciato di scendere in strada. Che, diciamo, per loro non è un grosso sforzo. Capisco che senza ICI i comuni sono con l'acqua alla gola e allora da qualche parte bisogna pur attingere... allora scusate. Se il problema è che abbiamo bisogno di soldi converrebbe considerare prostitute anche quelle che, per dire, vendono la jolanda per una parte in una fiction. Ma sai quante ce ne sono? Ma molte più delle nigeriane... Chi le multa quelle?

Comunque il decreto c'è, e la cosa più azzeccata finora mi sembra il nome, appunto, "decreto Maroni".

Appello a Bill

In Alaska un impiegato degli uffici amministrativi del governo ha pigiato un tasto sbagliato del computer e ha distrutto dati per trentotto miliardi di dollari. Trentotto miliardi di dollari non son mica pochi. Per guadagnarli uno come Corona deve fotografare i culi di: Bush, Putin e Bin Laden, più Bill Gates che usa il Macintosh, Berlusconi che canta *Bandiera rossa* ed Emilio Fede a cena al ristorante che bacia Cecchi Paone mentre Sgarbi suona la chitarra vestito da Apicella. Comunque. Lui ha schiacciato canc, e ciao. E poi dicono che il computer ci semplifica la vita. Certo. Ce la semplifica perché la vita è fatta di tanti sentimenti complicati che si mescolano fra loro, mentre quando sei al computer ne hai uno solo, l'odio. L'odio di quando Windows comincia a dare i numeri. Basta uno starnuto un po' più forte, uno sfioramento involontario di tastiera, uno scivolamento di cracker che pigia a minchia un qualsivoglia tasto che senti: wann!!! e compare la scritta SI È VERIFICATO UN ERRORE IRREVERSIBILE, L'APPLICAZIONE VERRÀ TERMINATA... E se tu non hai ancora salvato il documento ciao. Sei panato. Ma perché? Ma perché mi chiedi se voglio salvare quello che ho scritto? Cosa ti devo rispondere? No, pirla? No, non lo voglio salvare. Ho scritto per due ore per irrobustire i muscoli delle dita perché domenica vado a fare free climbing. Ho scritto tanta, tanta roba per poi buttarla nel cesso, darling. Ho scritto venti pagine così, per niente, perché sono una povera pazza felice della legge Basaglia, scrivo, scrivo per poi scatafrattare tutto via. CERTO CHE VOGLIO SALVARE! NON ME LO DEVI NEANCHE CHIEDERE, DEVI FARLO! Se mai sono io che se voglio buttare quello che ho scritto lo butto, se no tu salva sempre, testa di cretino. Ma fosse solo questo. E quando fai copia e incolla e il computer da solo ti cambia i caratteri di quello che hai scritto? Ti compare un bel Century gothic al posto del tuo solito Arial? Ma lo sai, macchina delle mie cime di rapa, che oltre a cambiare il carattere, tu fai cambiare il carattere anche a me che prima ero normale e poi divento un diavolo della Tasmania? Perché mi sposti i margini, così, senza un perché? Che improvvisamente mi tocca scrivere impaginato tutto a strofe come le rime di Cavalcanti? Un appello a Bill Gates. Bill? Sono un'Italian star. Senti. So che sei sempre lì a inventare computer e fai bene, ti posso dare un'idea? Fanne uno semplice per quelli rintronati come me. Con due, tre funzioni al massimo. Non settemila. Fai un computer come la moka. Sai cos'è la moka, Bill? È un pezzo di alluminio diviso in tre parti che fa il caffè. Non usi la moka per vedere i film o scaricare la musica. No, la moka fa solo caffè. Però la moka non si spegne di colpo con un dadannn per dirti che ha fatto un'operazione irreversibile e chiederti se vuoi inviare la segnalazione alla Lavazza. No, lei umile spinge semplicemente il vapore d'acqua nel caffè e ne trae una bevanda. Fai un computer così, semplice, che serva solo semplicemente per scrivere, e te ne saremo tanto tanto grati. Altrimenti non venire più in Italia. Se vieni tu, schiaccio ctrl-alt-canc ed esco io.

Quarantotto ore di ciupa dance

Che sciagura. Sta andando a ruba il nuovo tipo di Viagra. Si tratta di una nuova pillolina prodigiosa che invece di essere blu è gialla, si chiama Cialis e a differenza del Viagra normale dura di più. Vi dico quanto dura l'effetto ambaradan? Quarantotto ore. Mizzeca. Quarantotto ore son tantone... son due belle albe e due bei tramonti. Due giorni pieni pieni. Ci toccherà farci venire dei mal di testa che ci durano sessanta ore, adesso. No, perché nessuno pensa a noi... Chi ci pensa alle poverette che devono cuccarsi 'sto grande cocomero per un weekend intero? Guarda che un paraspifferi imbizzarrito che gira per casa per quarantotto ore è già una bella disgrazia... Perché... francamente... io donna, cosa me ne faccio, di quarantotto ore di ciupa dance? Di gogamigoga? Di paso doble? Di ballarò? Il bello, di quella cosa lì, è la prima mezz'ora, quaranta minuti, toh. Sublime. Superlativa. Dopo la terza ora cominci a non vederne la fine. Conti le macchie sul soffitto, e speri che gli prenda un qualcosa, non so un virus gastrointestinale o che gli cada il lampadario in testa e lo portino al pronto soccorso... Io se faccio l'amore per quarantotto ore consecutive mi consumo come la gommapane, alla fine rimane di me solo una manciatina di salamini bianchi... Con sei ore di sfregamento mi si svitan le gambe come alla Barbie. Vado in combustione e prendo fuoco come una cometa... La donna dopo tutto quell'ardimento finisce come *Madama Butter-fly*... "Un bel dì vedremo, levarsi un fil di fumo..." A meno che quarantott'ore non voglia dire quarantotto ore di ininterrotto splendore, ma quarantotto ore di tempo generale per consentire al maschio dominante di provarci con magari più di una. Di volare di fiore in fiore. Di passare in rassegna le varie ed eventuali. Con questo Ciàlis da quarantotto ore, per dire, tu maschiaccio prima lo somministri a tua moglie, poi fai in tempo a uscire, andare dall'amante, poi cerchi la tua vecchia amica del liceo e se non la trovi chiedi per strada. "Scusi madama, ha mica la gentilezza... sa, ho preso il Cialis e per non sprecarlo... se lei fosse così tanto gentile da... cortesemente." Comunque, anche per il maschio, voglio dire, è ben impegnativo. Cosa se ne fa uno di una sbarra del Telepass sempre sul rosso? Lo usa per fare il rabdomante e trovare il petrolio? Ci monta su una puntina e lo usa da giradischi per sentire i vecchi ellepì? Anche lui secondo me si stufa. Dopo un po' ci scrive sopra "fai da te" come i distributori di benzina aperti ventiquattr'ore su ventiquattro. No, perché fai pure quel che devi fare per due, tre, metti anche quattr'ore... ma poi? Dopo? Devi per forza trovargli degli usi alternativi... Non so, puoi usarlo come portasciugamani, come appendicappotti, tirare due fili da lui alla maniglia della porta e stenderci sopra la biancheria che d'inverno fatica ad asciugare. Lo puoi adoperare per spaccare le mandorle o per girare la polenta. Va anche bene per bloccare la porta del balcone quando c'è vento e, previamente disinfettato, può servire per tirare la sfoglia. Se è piccolo, può diventare un divertente portanelli. Se è più grande, metti che il proprietario venga dal Ghana, lo puoi anche usare come portabracciali...

A Parma tutto ma non i RIS

Niente allarmismi. Forse passeremo l'inverno al buio, a battere le brocchette con la fiatella che fa condensa, ma i giornali raccomandano: niente allarmismi. E poi aggiungono che il buco nell'ozono è sbrindellato, gli orsi bruni c'han le ascelle pezzate, le rondini badinano per i cieli e non sanno se migrare o prendere la cittadinanza italiana, ma niente allarmismi. No, ma scusate. Niente allarmismi una mazza. Siete voi che ci allarmate. Non potete dirci che dietro l'angolo c'è l'Apocalisse, schiangonarci ogni volta che sfogliamo un giornale o vediamo un TG con le foto della Terra crepata, i gerani fioriti a gennaio e i gechi al sole sulle baite della Val d'Aosta e poi raccomandarci di stare calmi. Benedettissima Eva.

Oggi ce l'ho col mondo intero. Anzi. Approfitto dell'ira funesta per dire anche due paroline sui RIS di Parma. Chincaglieria di pensiero, per carità. A Parma sanno far bene un sacco di cose. Tipo il parmigiano, il formaggione dalla crosta spessa che esportiamo in tutto il mondo. Il prosciutto crudo. Quello che si scioglie in bocca e il commesso manco ti ascolta se non specifichi "di Parma". L'Acqua di Parma, che profuma di limone e persino la Violetta di Parma, che sa di nonna. Tante cose sanno far bene a Parma. Io mi concentrerei su quelle e lascerei un po' perdere le indagini. Spiace dirlo ma quando in un delitto si mettono di mezzo i

RIS di Parma puoi star certa che alla fine non se ne viene a capo. Quando sento: "Proseguono le indagini e da domani arriveranno alla villetta i RIS di Parma", mi dico: Bon. Finita. Ciao le balle. Perché poi per mesi mi tocca vedere 'ste enormi meringhe che sciabattano, 'sto pigiama party continuo, 'sti fantasmoni che ci dan giù col luminal senza capirne mezza. Se mi dicessero: da domani arriva la signora Fletcher, il tenente Colombo o il cane lupo Rex, starei più tranquilla. Coi RIS di Parma no. I RIS trovano tracce di sangue dell'indiziato sul divano? Due giorni dopo si scopre che era sangue dal naso. Vestiti macchiati di rosso trovati in un canale vicino alla villetta dell'orrore? Dopo venti giorni di esami e sbattimenti i RIS di Parma danno i risultati degli esami. Le macchie non sono di sangue ma di vernice. Ma minchia. Un'altra volta chiamate mia madre. Lei a distinguere una macchia di vernice da una di sangue ci mette un secondo. E solo con occhi e naso. E te li smacchia pure. I RIS dovrebbero recuperare indizi inequivocabili da un pulviscolo di forfora, dai resti di un'oliva addentata, dalla saliva sullo stecchino, e finiscono invece nel dubbio se l'arma del delitto sia un mestolo o uno scarpone? A me sembra che siano due oggetti molto diversi tra loro e lascino impronte altrettanto diverse. Non ci si può confondere. Con uno scarpone con la suola a carro armato è molto scomodo tirar su il minestrone. Rimangono i borlotti incastrati che per toglierli ci vuole un cacciavite. E uno scarpone con la suola tonda e liscia come un mestolo? Invece di camminare dondoli come i babaci del Subbuteo. Ma i RIS sono solo a Parma? No perché a 'sto punto io proverei magari coi RIS di Cuneo o coi RIS di Mazara del Vallo.

Le donne criceto

Demi Moore si è rifatta le ginocchia. E ha speso anche la bellezza di 7447 euro. Cifra dispari. I conti non mi tornano. Cifra dispari e le ginocchia sono due. Mah. Quella di rifarsi le ginocchia non l'avevo mai sentita. Come ce le avrà avute 'ste ginocchia? A sventola? Magari le eran scese come le tette. O forse suo marito le ha detto che le aveva piccole e lei si è fatta fare delle ginocchia della sesta.

Forse Demi Moore si è fatta rifare le ginocchia perché voleva mettersi i bermuda che adesso van tanto di moda. Da un po' erano scomparsi. Li mettevano solo le carampane, quelle fatte come un tubo di eternit, che li tiravan su su fino all'attaccatura delle scapole, con 'ste pince che si aprivano e facevano l'effetto mongolfiera per mettere in risalto quei bei culi a grancassa. Adesso sono tornati prepotentemente di moda. Ed è un disastro. Perché i bermuda mozzano la gamba. Se hai le cosce grosse sembra che tu abbia due parmacotti. Se hai le gambe storte te le fanno somigliare a due crumiri. Inquartano il sedere. Insaccano l'anca. Intuffano la caviglia. E in inverno è ancora peggio. Perché oltre a mettere in risalto tutti i difetti tengono un freddo dell'accidenti. I bermuda, se la persona ha il cervello attivo, lo dice la parola stessa, vengono da un paese caldo. I pantaloni tagliati sotto il ginocchio non li hanno chiamati Pirenei, o pantaloni di Bering. Ma Bermuda, appunto, che prende il nome dalle isole tropicali. Ma non vi sale la filura, il soffietto di gelo fin negli apparecchi di bassa manovalanza? Io se mi metto i bermuda in inverno vado avanti a pane e Imodium per una settimana.

Ma è la moda che ci vuol fare assomigliare tutti. Come la moda della chirurgia estetica. Se non hai un'identità te la costruisci, almeno esteticamente. Adesso van tanto di moda gli zigomi. Tutte a gara a chi li ha più alti e più in fuori. Il giorno prima una è normale, il giorno dopo ha due palle dell'antifurto con le palle. Ma possibile che non ci sia un altro modo per tirar su la faccia? Giusto per essere un po' originali e non tutte con lo stesso muso? Non so, invece di alzare gli zigomi provare ad abbassare la fronte, con l'attaccatura dei capelli all'altezza del naso come le scimmie di *2001: Odissea nello spazio*. Oppure puntare sui padiglioni delle orecchie e farli a raglan, fare un piccolo volant qua nel sottomento, mettere una zip sulla nuca? O piuttosto lanciare un'altra moda. Quella del crollo totale. Accentuare la caduta della faccia. Tutte con la faccia cadente a bracco. Invece niente. Tutte donne criceto. Sai i criceti quando si mettono i semi di girasole, i pezzi di carota, i grani di miglio tutti in bocca e gli vengono le guance gonfie? La donna figa deve essere così. E quelle che non hanno i soldi per farsi la plastica agli zigomi come devono fare? Rassegnarsi a invecchiare. Oppure al mattino prima di andare a lavorare mettersi in bocca l'uva passa, le mandorle tritate e, adesso che è stagione, pure i marron glacé. Così vanno in ufficio tutte contente con gli zigomi alti, ma appena aprono bocca e dicono "Ciao" sfratt gli esce fuori tutto il ripieno dello strudel.

Comunque è inutile illudersi. Sfinirsi di diete, farsi liposuggere e liposcolpire le trippe in esubero. Tanto i chili a volte ritornano. E si vanno a posizionare sempre dove vogliono loro. Non puoi dare indicazioni. Non puoi dire: faccio un po' di dieta, smetto di mangiare la meringata, bevo come un sifone così butto giù un po' 'sti fianchi che son marsupi di lardo. Perché poi il risultato sarà che i fianchi subiranno una riduzione assolutamente impercettibile a occhio umano, quelle a cui invece toccherà una discesa verticale saranno le tette, che pioveranno in basso come le foglie della Kenzia andandosi ad appoggiare mollemente alle ginocchia. Però il bello degli esseri umani sta nel fatto che non tutti ingrassano nello stesso modo. L'inciccionìo varia. Ognuno ingrassa a modo suo. Ci sono quelle in cui i chili di troppo si depositano attorno al punto vita, come fossero paraspifferi delle porte. Che collezionano pitoni di lardo, anelloni di totano che le avvolgono come birilli. Altre a cui lievita il didietro come un pandoro mentre sognano di averci un piccolo muffin, oppure si gonfia la pancia sul davanti, la classica gravidanza da esubero di lasagne. Altre a cui vengono ginocchia da Elephant man, cosce da bue grasso o polpacci da rinoceronte. Oppure si trasformano in pera col classico effetto Gabibbo. Ma l'ingrassamento peggiore è quello che io chiamo il trapuntato. Tutto si ispessisce. Braccia, pancia, schiena. Come se improvvisamente qualcuno ti appoggiasse una grossa trapunta addosso a coprire le forme. La ciccia si spalma uniforme come una coperta spessa e tu prendi l'aspetto di un delizioso barile. A tutto beneficio del viso che si tende come un pallone. E lì tocca scegliere. Come dice Molly. O salvi il viso o salvi il culo.

L'OPA del Meng

Non mi viene che da dire baff. Esclamazione rubata a mia nonna. Crasi meravigliosa tra il boh, l'uff e il mah. Non per fare la solita tignosetta ma non capisco la nuova tendenza del vigile urbano. Da qualche settimana son scomparsi i vigili formato classic col loro fischiettare pallido e assorto e al loro posto sono spuntati i vigili esistenzialisti. I vigili filosofi, meditativi, pensierosi che invece di starsene a piantonare gli incroci sulla pedana da disco passeggiano su e giù per la linea di mezzeria tirando calcetti alle foglie. Li avete visti anche voi? Prima o poi qualcuno li asfalta. Non sono neanche più vestiti da vigili. Niente palettina e fischietto. C'hanno un berrettino con la visiera tipo Che Guevara, gli manca solo il mezzo sigaro tra le labbra. O se ne stanno appoggiati a qualche ippocastano con lo sguardo perso all'orizzonte o camminano a centro strada guardandosi le punte dei piedi e ogni tanto fan qualche svolazzo con le mani, un po' come Mina quando cantava *Le mille bolle blu*. E la cosa fantastica è che nessuno capisce niente. Cos'è quello sfarfallio di polso? Mi vuoi dire: "Fermati?" oppure "Vai pure..." o invece stai solo scuotendo il braccio per far scivolare il cinghietto metallico dell'orologio che ti sta pizzicando i peli? E quell'alzata di mento? Ti stai scrocchiando la cervicale o è un "passa va'"? Gli automobilisti titubano, i motociclisti temporeggiano, i pullman soffiano e intanto si forma una coda che neanche al ritorno dalle merende di Pasquetta. Baff... Per me è un mistero.

Come quando sento parlare di economia. Un assoluto enigma. Dai giornali non si capisce nulla. Niente si capisce. Quando trattano di economia è come se parlassero in aramaico stretto. Tu apri il quotidiano e leggi: "RBS e SANTANDER a un passo da ABN. Golden share contro l'avanzata di GAZPROM. OPA di ENEL su SUEZ, alt di MINC sì di CONSOB". Che uno pensa di avere il giornale al contrario. È tutto un kamasutra di sigle, abbreviazioni, non si capisce qual è il soggetto e qual è il complemento oggetto, cioè chi l'ha messo in quel posto a chi. Vanno avanti così per un bel po' di tempo con GNAU del DRAU e l'OPA del MENG, poi una bella mattina sfogli il giornale e leggi una roba del tipo: "Siamo nei casini. Aumentiamo i mutui". Aumentiamo predicato verbale, i mutui complemento oggetto. E noi? Dove ce lo prendiamo, moto a luogo? Non nel BRENT, nel GAP o nel GIP o nel FLAT, ce lo prendiamo molto più semplicemente e chiaramente nel... GNAU.

A noi ci fanno capire soltanto quando da qualche parte c'è un buco enorme impossibile da rammendare. Allora, improvvisamente, smettono di parlare in sanscrito e usano il tono confidenziale. Ma io mi chiedo: l'OPA sullo SBRENG della PRAZ l'abbiamo mica fatta noi? E nel crac della SMUD con conseguente crollo del brand della GINGER noi c'entravamo qualcosa? Certo che no. Peccato che adesso abbiamo il mutuo della casa alle stelle, lo stipendio assolutamente stabile e la bile che ha superato i livelli di guardia. Gasp, sigh, sob e pant pant. E soprattutto baff...

La foto sulla patente

Farsi fotografare in primo piano è sempre un casino. Perché si vedono le magagne del tempo. Più che le mille primavere si vedono i settanta, ottanta autunni. È vero che ti sparano in faccia faroni da mille watt, che poi vieni piallata e, con tutta quella luce, del naso vedi poi solo due buchini, ma non basta. È vero ancora che si lavora di Photoshop al computer. Se il neo è troppo importante si clicca sopra e si riduce a icona, ma non basta. Si migliora la faccia da babaciu, si taglia e incolla l'orecchia a cerbottana, si assottiglia il collo da cinghiale della Val di Lanzo ma serve a poco. È proprio il primo piano in sé che è un rischio. Guarda solo che foto abbiamo tutti sulla patente... Non so voi ma io quando mi fermano i vigili più che per la multa sto male all'idea che vedano la foto. Sulla foto della patente di solito gli uomini sembrano o brigatisti anni Settanta o seminaristi cacciati per inclinazioni omosessuali. Le donne, prostitute kabuki o mocie vileda. Io nella foto della patente ho diciotto anni e sembro la nonna della Montalcini; il mio boy il cugino di Gianduia.

E a proposito di foto, ecco un'ottima notizia. Beckham viene al Milan per tre mesi. Tre mesi: un contratto co.co.co. Credo che venga a giocare a pallone, no? No, perché fa tante altre cose. È come sua moglie che fa la cantante e non canta mai. Sono molto contenta. Soprattutto perché se ha altro da fare smette di fare cartelloni pubblicitari che turbano l'ordine pubblico. Tipo quello di Armani dove c'è lui in slip. L'avete visto? C'era in tutti gli aeroporti. Beckham in mutande. Un manifesto grosso dieci per dieci di cui nove occupati solo dal suo walter. Lui stravaccato in slip con una roba... Se conoscete Parigi avrete presente la baguette? Un arrosto per dodici persone... Tra l'altro cheto. Pensa se era sul chi vive... Sarebbe uscito fuori dall'inquadratura secondo me. Io la prima volta che ho visto la foto a Malpensa, ho perso il volo, perché son rimasta imbambolata come davanti a un UFO. Un oggetto non identificato. Pensavo si fosse messo il pallone negli slip. Quando han fatto la foto gli avran detto: "Signor Beckham cortesemente, potrebbe spostare di un briciolo l'attrezzo? Così le fa ombra e non riusciamo a fare le luci...". Ma una roba smisurata. Ma sarà stato un metro quadrato di manifesto. Un bob a due. L'uovo di Pasqua dei bar, quello della lotteria pasquale! Un condor, toh. Solo che generalmente il condor passa, mentre il suo sta lì. Ah... a chi troppo, a chi niente.

Il punto G della Jolanda

Due belle novità. La prima. Hanno fotografato il punto G. Per amor di precisione specifico che il punto G non c'entra niente col Mago G Galbusera e non è neanche un nuovo allegato di "Mani di fata". È una delle zone super erogene della donna. Punto G come goduria. Non è una novità, l'aveva scovato già nel 1950 un ginecologo tedesco, tale dottor Gräfenberg, un uomo che, mentre i suoi simili negli anni Cinquanta volavano alto, avevano la testa presa nel progettare il primo viaggio sulla luna, ebbene, lui la testa la teneva sprofondata da un'altra parte. Comunque adesso 'sto punto G lo han fotografato. La scienza ha dell'incredibile. Non riescono a fare una foto decente a Prodi ma fotografano il punto G. Gli avranno chiesto prima "sorrida"? Chissà.

Io l'ho vista. Sembra la foto del mostro di Lochness. Hai presente la maschera di *Scream*? Uguale. Hanno anche scoperto dove si trova esattamente. No, perché qualcuno ancora è capace che lo cerchi dietro le orecchie o nella piega del ginocchio e poi picchi e picchi sullo stesso puntolino freneticamente e noiosamente per delle ore. Il punto G, ve lo spiego un po' col linguaggio della navigazione, si situa a circa sette, otto centimetri sulla rotta della jolanda. *À l'intérieur*. Questo rassicura anche chi ha un walter mignon, piccolo come il tappo del Moscato. Sette, otto centimetri è un tragitto tranquillo... Il rischio se mai è che vai oltre, capisci? Come succede quando ti spiegano al cellulare dov'è la trattoria e tu in macchina non la vedi, arrivi al numero 180 e lei era al 23.

Il problema vero è un altro. È che 'sto punto G non ce l'hanno tutte le donne. Qualcuna sì e qualcuna no. Se ce l'hai ce l'hai di serie. In dotazione dalla nascita. Non te lo puoi far mettere come optional tipo alzacristalli elettrici. Sei nata così. È una bella fregatura, anche per i maschi che magari si dannano l'anima per trovarlo, trafficando inutilmente per delle ore col gavitello da ormeggio.

Ma se niente puoi fare per avere il punto G, basta poco invece per procurarti il nuovo orologio per super ricchi. Sì. Una notizia che mi ha fatto trasalire. Un orologio da polso che costa trecentomila dollari e si chiama Night and Day perché infatti non ti dice l'ora, minuti e secondi, ma solo se è giorno o notte. Io aggiungerei, se vuole segnarselo la ditta svizzera per il marketing, che un orologio così ti dice anche che sei un balengo. Sai, a volte capita, che hai quel momento nella giornata in cui non ti ricordi più se sei pirla o no, ti guardi il polso e subito dici: "Parbleu, se sono una testa di minchia!". In quei casi indica anche l'ora. L'ora di farsi furbi.

Voglio solo dire una cosa a quelli che se lo sono comprato. Amico, amico che hai comprato un orologio così. Se hai sentito la necessità di qualcosa che ti dica se è giorno o notte e non ti bastano gli occhi tuoi misericordiosi, forse avrai bisogno di altre informazioni di cui noi comuni mortali ci accorgiamo senza problemi. Magari un cappello di spugna che ti avverte quando piove, un pantalone che ti dica in tempo reale se ti sei seduto sul barbecue acceso, e un sensore che ti informi se ti sei fatto la cacca addosso. Poi hai veramente tutto, come i veri signori.

Non è da fighi, è da coglioni

Ci risiamo. Giro di vite per i limiti di velocità sulle strade. Si dovrà andare più piano pena multe salatissime e ritiro della patente. Giusto. Come siamo bravi noi a fare le regole non c'è nessuno. Peccato poi che siamo i primi a non rispettarle. A partire da quelli che ci governano. Che berciano di rispetto e non violenza e poi li vediamo in Parlamento che si insultano, si azzuffano, e urlano che sembra che qualcuno li scotenni. Qui in Italia ha sempre vinto il più furbo, mica il più onesto, ci vorrà del tempo a spurgarci la testa. Intanto io dico una cosa banale. Formulo un pensiero. Debole, come è mio solito. Limitiamo pure la velocità. Aumentiamo pure i controlli e i poliziotti che fanno il palloncino. Ma c'è un modo per fare andare 'sti ragazzi più piano in macchina. Una maniera sicura e semplice. Ve la dico? Costruire macchine che vanno più piano. Fine. Punto. Che genialata vero? Peccato che questa sia la prima cosa che viene in mente a una persona normale. Ci sono i limiti di velocità? Che vuole dire che più forte di così non si può andare? Perfetto. E allora fammi delle macchine che non possono superare i 140. Così almeno siamo sicuri che ai 180 o ai 200 all'ora non si schianta più nessuno. Ma la logica dove sta? Mi vendi delle auto che fanno i 200 all'ora e poi ti lamenti se in autostrada supero i 120. Fammi una macchina che non superi i 120 e falla finita. Tra l'altro dove vado a 200 all'ora, cretino? In autostrada non posso, sulle statali meno che mai, negli sterrati meno che mai... Che faccio? Giro su me stessa in garage fino a fondermi il motore? E poi un messaggio ai ragazzi. Un messaggio a chi la notte corre in macchina. Un messaggio di speranza e responsabilità, pacato ed equilibrato. SIETE DELLE TESTE DI MINCHIA. Se pensate che andare come lippe in macchina ubriachi persi sia da furbi vi sbagliate. È da cretini. Da imbecilli. Da immense, gigantesche, enormi teste vuote su corpi pieni di birra dove anche i rutti rimbombano. Se vi va di sfidare il destino sappiate che spesso il destino è a forma di platano e fa molto male. Pensate di avercelo duro facendo una curva su due ruote? Derapando contromano su una statale stretta come una tagliatella? No. Non ce l'avete duro, ragazzi. Ce l'avete molle come un wafer pucciato nel latte. Molle come un grissino lasciato sul davanzale in una notte di pioggia. Se volete far colpo su una ragazza salite in macchina, appartatevi in un posto carino e fate l'amore con lei. Sempre che lei sia d'accordo, ovvio. Allora sì che si vede se il motore funziona, ma il vostro. Cosa ve la tenete a fare quella testa? Solo come supporto per il gel? Come potete pensare che sia tanto da fighi guidare come pazzi con l'alcol che vi sprizza dalle orecchie e la testa gonfia di cannoni? Non è da fichi. È da pirla. È da pisquani. Non c'è niente di più scontato, di più banale, di più trito, che andare veloci in macchina. Son capaci tutti. Anche quelli che non hanno la patente. Basta schiacciare fino in fondo l'acceleratore, finché il ginocchio non si appiattisce e la gamba si fa dritta come un bastone. Fatevi furbi amici, che i platani non si spostano.

Come la Panda dei pensionati

Be', veniamo subito al sodo. Berlusconi uscendo da una discoteca alle sei e un quarto di mattina ha dichiarato: "Io dormo tre ore per notte. Se dormo tre ore posso fare l'amore le altre tre". Vogliamo fare un minuto di silenzio? Mancava solo che uscendo spaccasse la testa a pugni a un rinoceronte di passaggio e poi partisse facendo le fiamme dal sedere come un missile di Capodanno. Che forza della natura quell'uomo lì... che moto perpetuo, che pompa elettrica, che maglio da fonderia. Capace che ti piega le corna alle mucche a mani nude e drizza le gambe ai tavoli rococò. Se si rompe un dito del piede se lo incolla da solo col Vinavil come Rambo. So che non è il tipo e non lo fa, perché se fa le puzzette fa i fuochi artificiali come a Napoli, quella macchina motrice per spingere universi. Impara. Settantadue anni. Trenta più di te che hai la vitalità di un sarago nell'acquario del ristorante. Pensa. Se dorme tre ore, fa l'amore le altre tre. Se dorme sei ore, fa poi l'amore altre sei? Come Sting? E se dovessero mai fargli un'anestesia, che ne dorme diciotto, quella che gli capita sotto tiro la consuma come una gomma della Formula 1 dopo un Gran Premio.

Comunque. La cosa che non capisco è perché adesso sia partita la moda che dormire meno, mangiare meno e lavorare soltanto sia da fighi. Sia un vanto. Non le hai mai sentite quelle che dicono: "Oh, guarda, io ieri ho mangiato solo una mosca... ", "Oh... a me basta succhiare l'aria quando mio marito fa l'arrosto... "? Fra un po' ci sarà gente che dirà: "Io piscio solo due volte al giorno". E tutti: "Bravissimo!!!". Mangiare, dormire, far pipì e il resto sono funzioni normali dell'essere umano. I cinque, dieci minuti che usi per evacuare non sono persi. Perché seduti sul water si pensa, e pensare evita le cazzate. Ah, io dormo due ore per notte e sto da dio. Ma neanche un telefonino ci mette così poco tempo per ricaricarsi. Spiegami come fai? Ti metti anche tu uno spinotto nel... Delle pile al litio sotto le ascelle? Hai imparato a dormire veloce? Russi così: ronronronron con gli occhi che girano veloci come i bosoni? Ma quelli come me che se non dormono sette ore di fila poi sono delle merde son tutti imbecilli? Io se non dormo son limacciosa. Per tutto il giorno parlo come Giurato. Fla fla fla... Ma guarda i banchieri di tutto il mondo! Mangiano poco, dormono niente e così hanno avuto tanto tempo per mandare in culo l'economia del pianeta, e adesso sono in giro con lo scatolone sotto il braccio! Avessero dormito, bevuto e mangiato pesante come oche magari era meglio!

Comunque la tendenza generale è quella di allontanare il più possibile il calice dell'invecchiamento. Infatti tutti parlano di età biologica e di età anagrafica. L'età anagrafica si sa. Basta guardare la carta d'identità. Ma come si fa a stabilire l'età biologica? Poi tra l'altro magari hai ottant'anni ma non è che ne dimostri quaranta. Ne dimostrerai settanta... toh... Capirai. Dieci anni in più o dieci in meno, non è niente di fronte all'eternità. È come togliersi la cacca di volpino con lo stecco del ghiacciolo dalla suola della scarpa prima di entrare nel recinto dove cagano i maiali. Come si fa a stabilire l'età biologica? Mica tutti gli organi invecchiano allo stesso modo. Magari tu hai il fegato di un tredicenne ma l'intestino di un Tyrannosaurus rex. Il rene di un fenicio e il timpano di un poppante... Forse allora per stabilire l'età biologica si fa una media. Cioè: hai settant'anni, ne dimostri cinquanta? Vuol dire che hai un cuore di uno di trent'anni, però il culo di uno di centoquaranta. Coi festoni e le frange come la giacca di Pecos Bill. Che quando ti infili i pantaloni devi adoperare il calzascarpe per farlo entrare dentro! Rocco Siffredi, per fare un esempio, quando è andato in pensione avrà avuto il cervello ancora di un dodicenne, ma il walter ridotto come uno straccio, un Mocio Vileda.

Io per esempio ho un'età biologica di sei anni credo. Ma non dappertutto. I piedi. I piedi mi sono rimasti quelli dei sei anni, ho il 34 di numero e metto le scarpe delle bambole. Ci sono maschi che hanno il cervello di un visigoto ma un pisello di non più di tre anni. Non di più. Praticamente appena uscito dal concessionario. Sempre tenuto in garage come la Panda dei pensionati. Roba che se lo mettono su E-bay lo vendono subito. Base d'asta due euro. "Vendesi pisello come nuovo usato pochissimo. Solo venti secondi al giorno per fare la pipì. Sconsigliansi agenzie e perditempo."

Sotto l'abito talare

Vi ricordate il Family Day? Che emozione vedere quella piazza piena di politici separati e divorziati a sfilare per la famiglia. Tutti così accaniti. Ma perché? Vuoi sposarti e farti una famiglia classica? Liberissimo. Sono felice se tu sei felice. Ma perché non lasci la stessa libertà agli altri? Come puoi pensare che la tua famiglia venga minacciata dalle unioni di fatto? È come dire che se in un condominio viene ad abitare una coppia gay, il capofamiglia del piano di sopra per contagio si mette la minigonna. L'amore non è mica un virus contagioso. Se La Russa incontra Luxuria in ascensore, non è che esce in top ed extension. Sono un po' stufa di sentire che le unioni di fatto minacciano la famiglia. Anzi, dire "stufa" non è corretto, ne avrei due balle così. Madama Binetti? Monsieur Casin? Lo volete sapere perché la famiglia è in crisi? Ve lo dico io. La famiglia è in crisi perché le corna una volta una se le teneva e tirava avanti tutta la vita e adesso invece manda a stendere il marito, perché una volta a cinquant'anni si appendeva il pisello al chiodo e adesso si balla la rumba fino a novanta, perché per comprare una casa e sposarsi bisogna avere soldi e lavoro che invece non ci sono, perché i figli vedendo che fine han fatto i genitori che sono sposati e si odiano da quarant'anni non hanno nessuna intenzione di fare la stessa fine. Altro che DICO. Toccherebbe farsi suora.

Peccato che siano state redarguite anche loro. In un convegno ecclesiastico importante le alte sfere del Vaticano hanno invitato le suore a fare a meno delle comodità, a coltivare di più la dimensione mistica, e a non farsi coinvolgere troppo dai problemi della vita quotidiana e soprattutto a rifuggire dagli agi e le comodità. Guarda che ci vuole un bel becco. Ma agi e comodità cosa? Ma se c'è qualcuno che sta zitto, prega e lavora sempre sono le suore! Vestite di nero con la cofana in testa anche in agosto che deve essere come stare in una fornace delle acciaierie, strette strette sulla Simca 1000 col radiatore che fuma. A spaccarsi la schiena nelle missioni, a spalare il fango e ad accudire i poveretti. Tutto senza contributi. Chi è che sta vicino ai malati, li lava, li pettina, li accarezza? Le suore! Io non ho mai visto un gesuita cambiare la padella a qualcuno. Vedo solo 'ste suore far girare le padelle come al Cirque du soleil.

È proprio vero che sotto l'abito talare i preti sono come tutti gli altri uomini. Che van dalla moglie che è lì che cambia il pannolino al piccolo, fa fare a calci i compiti al grande, intanto gira il sugo, svuota la lavatrice, pulisce le trote e per non star ferma coi piedi intanto passa lo straccio e dicono: "Eh ma sei nervosa, non ti agitare, rilassati... sembra che fai tutto tu". Solo che noi ci siamo emancipate e i mariti li mandiamo anche a stendere, mentre le suore hanno fatto pure voto di obbedienza e quindi non hanno neanche quella soddisfazione lì.

Total body scanner

Che storia. Io non capisco. Tutti a dire la privacy, la privacy... E firmi per la privacy, e non posso dirlo per la privacy, le do questo codice per la privacy. In farmacia ti fanno le linee gialle per terra a un metro dallo sportello che anche una talpa sorda sente e vede quello che uno fa alla cassa. Privacy, privacy e poi ci sentono le telefonate come cacchio gli pare. Privacy, e poi pubblicano i redditi su Internet... ti spiegano per filo e per segno con cosa fare il bidet e adesso arriva pure il body scanner agli aeroporti.

È così. L'Europarlamento ha approvato l'introduzione negli aeroporti del body scanner che sarebbe una specie di metal detector che riesce a guardare sotto i vestiti dei viaggiatori. Praticamente ti vedono nudo. Caso mai ti fossi sistemato sotto le ascelle una carica di tritolo. Tu passi davanti alla macchina con la tua bella giacchetta, camicia e cravatta e loro ti vedono il ciciu. Ma cosa pensano 'sti qua? Che siamo tutti come Cicciobombo cannoniere con tre bombe nel sedere? Che c'abbiamo una scimitarra infilata tra le chiappe? Privacy, privacy e poi io entro col mio bel tailleur e loro mi vedono la jolanda?

Comunque, per le donne passi. Più o meno le nostre si somigliano. Ma i maschi no. Per chi c'ha un walterino sarà un disastro, perché non può fare come in palestra, che passa dall'accappatoio alle mutande alla velocità del suono.

Deve stare col suo bel tappo di spumante alla vista di tutti. Col suo lombrico della frutta alla mercé. Solo quelli che hanno un cormorano al posto del walter faranno un figurone. Li vedremo entrare a passi lunghi e bacino in avanti chiedendo alle addette: "Che ne dici amore di quest'arma di distruzione di massa?".

Giornalismo minchione

Ogni tanto riparte la solfa dell'emergenza rifiuti. E allora per minimo venti giorni ci polverizzano le palle mandando i giornalisti a rovistare nella spazzatura per intervistare le pantegane. D'altronde è finita l'emergenza rom, la giaculatoria degli omeopati assassini, la giostra dei morti pugnalati, la fiera dei cormorani inzuppati nel petrolio... quindi torniamo al pezzo forte del pattume. Di solito si cambia argomento dopo che Vespa fa il plastico. Come lui smonta il plastico, bon. Finito. È il pernicioso mondo dell'informazione, bellezza...

Senza contare la mania che hanno i giornali di creare notizie dove le notizie non ci sono. I quotidiani tirano fuori degli argomenti, li fanno andare di moda per un po', poi li tolgono dal mercato. Adesso van molto di moda gli stupri e la fine del mondo nel 2050. Le notizie vanno a ondate. C'è la tre giorni delle periferie, la due giorni della bomba atomica, la settimana del pianeta senza risorse. La migliore è stata tempo fa la sei giorni dei pitbull. Sembrava che tutti i cagnoni d'Italia si fossero messi d'accordo a mordere in contemporanea. Basta che uno a Benevento si alzi la mattina e prenda a testate il palo del divieto di sosta che dal giorno dopo si scatena la carambola. "A Cuneo donna prende a testate un citofono." "Due adolescenti a Nuoro prendono a testate una fontanella di bronzo." "A Massa Lubrense un pensionato esasperato prende a craniate una porta blindata." Ed è subito *Porta a Porta*. Con Meluzzi che spiega che una testata di tanto in tanto fa bene e aiuta a vivere.

Poi la cosa bella è che ci sono notizie di cui si parla per un po' e dopo cadono nel dimenticatoio. Spariscono dalla circolazione. Sprofondano nell'oblio. L'aviaria per dire. Che fine ha fatto? È andato via Storace: è sparita. Non è che la portava lui? Fino a qualche tempo fa se moriva un cigno in Armenia, magari sotto una macchina, sbattevamo un migliaio di polli negli inceneritori. Uscivano quaranta articoli sui quotidiani e venti servizi al TG con le galline che trapassavano starnazzando disperate in un florilegio di piumine e piumazze. Alemanno e Storace giravano con la Montblanc e la coscia di pollo nel taschino. Adesso basta. Meno male, per carità. Però di questo passo fra un po' non distingueremo più la notizia dalla psicosi. Il rischio è che alla prossima emergenza ce ne fregheremo. Quando ci sarà l'allarme cetriolo volante noi ce ne sbatteremo allegramente e andremo tutti in giro in tanga e piegati a novanta.

L'unica cosa che gli italiani non leggono più sui quotidiani è la politica. Si legge prima lo sport, poi chi hanno accoppato nella notte, poi cosa danno in TV la sera, e poi la temperatura di Mogadiscio. Sapete quando uno legge i commenti politici? Tre anni dopo, quando dà il bianco alla cucina e mette i giornali per terra per non sporcare. Allora mentre è lì ginocchioni che mescola la vernice gli cade l'occhio sull'articolo politico e si accorge delle cazzate fatte dal governo che aveva votato lui. E vota gli altri. Questa è la vera alternanza. È terribile ma è così.

Ma parliamo dei prodigiosi inviati che allietano i nostri pomeriggi televisivi. Una volta ho sentito una giornalista chiedere al padre di una ragazzina assassinata: "Perdona gli assassini di sua figlia?". Ho dovuto cambiare canale e vedermi la pubblicità del lisoformio per riprendermi. È possibile che sempre, sempre, sempre si faccia questa domanda così cretina e nessuno risponda: "Che razza di domanda mi fai, grandissima testa di minchia?". Ma cosa ti aspetti, giornalista idiota? Che l'intervistato risponda: "Sì, certo che li perdono e li invito pure questa sera a mangiare la pizza alla Pizzeria Bella Napoli o se preferiscono il cinese ne conosco uno io dove il fritto è leggerissimo, che si chiama Ristorante Ciucialciuchin". Il perdono è un gesto assoluto, gigantesco, che si matura col tempo. Tantissimo tempo. E può anche essere, comprensibilmente, che non arrivi mai. Certo è che non arriva due secondi dopo l'offesa. Altra strepitosa domanda è: "Come si sente?". Rispondo a nome di tutti gli intervistati disperati che finiscono nelle sgrinfie di giornalisti così imbecilli. "Come mi sento? Bene, guarda, sto da puciu. Adesso mi fumo una sigaretta, faccio due giri di tango, mi bevo dieci martini e quando sono bello lordo ti tiro sotto con la macchina. Ti spiàno. Ma non voglio ammazzarti completamente. Ti faccio a costine, a costine sottili come quelle dei maiali, solo per avere la soddisfazione, mentre sei lì che stramazzi, di chiederti: 'Come si sente?'."

Profilattico spray

Bon. Dài, voliamo alto. Disquisiamo di cose un po' più di spessore. Allora, notizia strabiliante. Arriva dagli Stati Uniti il primo profilattico spray. Un'invenzione nuovissima che sarebbe una roba tipo... avete presente l'Autan? Ecco. Prendi la mira e te lo spruzzi sul pungiglione... pfff... Dico pungiglione in modo che tutti possano capire. C'è anche chi lo punterà su un dirigibile, un trullo di Alberobello, un corno d'Africa o un grattacielo di San Paolo. Perché ci sono, quelli che nelle mutande invece che il software hanno l'hard disk. E poi ci sono quelli che avranno sì e no una spina di lantana. Adesso spiego bene. Visto che Luciano Onder ancora non ne parla lo faccio io. Praticamente è lattice spray che viene nebulizzato sul walter. Gli si formerà sopra una pellicola resistente tipo Domopak e bell'è fatto. Tra l'altro il tutto a costo bassissimo.

Pregi e difetti. Difetto: se sei al buio ti puoi sbagliare e dare due mani di lattice all'abat-jour oppure sbagliare spray, usare il deodorante, ridurti il walter come un Arbre Magique e farti i due gemelli profumati agli agrumi di Sicilia. Altro difetto: è meno pratico il trasporto. Non è che puoi tenere lo spray nel portafoglio. Se vai a cena da un'amica appena conosciuta e ti porti dietro la bomboletta nel taschino del camiciotto lei se non è cretina intuisce subito, certo, puoi sempre dire che è il "gonfia e ripara" per la macchina ma insomma... Pregio: se il tuo ambaradan è del tipo "a grissino" con lo spray puoi sempre dargliene dieci o venti mani, applicarlo multistrato e sembra poi il walter di Tyson. Per ora il vero problema è solo uno. Che ci vogliono cinque minuti, ripeto cinque minuti, prima che asciughi. Hai idea? Gli uomini fanno in tempo non solo a disarmare lo schioppo, ma anche a addormentarsi. Non è che puoi soffiarci sopra come alle candeline di compleanno o ancora peggio usare il fon. Cosa fai in quel cinque minuti? Parli della crisi dell'Alitalia? Leggi una rivista come in sala d'aspetto? Fumi la classica sigaretta prima invece che dopo? Anche perché dopo si fa avanti il nuovo problema. Come levare l'antica latticeria del borgo. Con cosa andrà via? Con l'ammoniaca? Con l'acquaragia? Bisogna grattarlo con la carta vetrata? Mistero. Poi a ben pensarci un altro bell'impiccio c'è. Se il maschio è un pignolo perfezionista è subito paranoia... Io me lo vedo: "L'avrò spruzzato tutto? Avrò completato la copertura? Gli avrò fatto la foderina completa o ho lasciato fuori un angolino?". Capace che si guarda il walter in controluce per vedere se c'è qualche smagliatura, qualche falla. E poi aspetta che asciughi e gli dà la seconda mano come fanno i decoratori e magari ci mette pure il nastro-carta sotto per far bene anche lo zoccolo... Non lo trovo molto romantico. Comunque il profilattico spray è un buon segno, vuol dire che l'homo faber non smette di inventare. Adesso aspetto che inventino anche la spirale al neon che oltre a essere anticoncezionale segnala la via ai naviganti e la pillola che suona come un antifurto se ti dimentichi di prenderla.

Banche fuse

Non so se vi è arrivata la notizia ma son crollate le borse di tutto il mondo. Comprese le mie che da un po' di giorni sotto gli occhi ho due Samsonite. Mi si stan formando anche le zip.

Comunque tutti ci dicono di stare tranquilli. Che dobbiamo stare tranquilli. Che tempo dodici-ventiquattro mesi si rimette tutto a posto. Ma minchia: ventiquattro mesi son due anni! Il tempo della ferma nel corpo della Marina! Prova a farteli in galera due anni, vedi se son pochi. Ma come? Se fino a ieri la tua banca era differente, e girava intorno a te, e dovevi mettertelo nella zucca, e ballare il fox trot entrando in agenzia... e adesso ciao le balle? Finito? Dobbiamo fidarci. Dobbiamo fidarci cosa? Non sai mai cosa smarmigano le banche. Poi adesso si fondono una con l'altra. Son tutte fuse le banche. Si sposano. Nella buona e nella cattiva sorte, in salute e dissenteria finché Draghi non le separa. Il giorno prima sei al credito cooperativo campagnolo, il giorno dopo arrivi davanti alla tua banca ed è diventata la "Banking of Global Money of the Universe" e al posto degli impiegati in giacchetta trovi tutti dei Morfeo di *Matrix*.

Però loro per precisione ti mandano a casa una busta al giorno di resoconto. Per chiarezza. Una busta al giorno ti arriva, con la finestrella di plastichina che ci metti mezz'ora a buttarla nel bidone, perché la devi scarnificare per separare la plastica dalla carta. Tu la apri e cosa trovi dentro? Un cumulo di numeri a cazzo. Non si capisce niente. Lo facciamo per chiarezza. Ma chiarezza de che? Che son tutte tabelle, tabulati, schemoni... Si disbosca un'Amazzonia alla settimana per stampare delle ricevute incomprensibili. No, ma anche in banca. Tutto computerizzato, tutto computerizzato e poi tonnellate di carta. Versi cento euro e firmi una guida telefonica di moduli. Capisco a prelevare ma a versare? Son mica pirla che verso soldi nel conto di un altro? Ma anche fosse: prendi lo stesso. Voglio dirlo alla mia banca: "Se qualcuno versa sul mio conto dicendo che è la Littizzetto, anche se ha la barba ed è alto come un corazziere, prendeteli". Poi quelli delle banche son precisi: "Guardi, le abbiamo segnato che le abbiamo tolto 0,30 centesimi per spese del fluting, 1,4 per il rato del banking e 0,2 per lo starting del fidus... Ti spiegano per filo e per segno perché ti levano un euro di minchiate, e poi succedono 'sti casini, ti dicono di star tranquillo e tu guardi il conto e c'hai un raschiamento totale con solo più qualche limatura di euro.

Parliamo del codice IBAN? O basta la parola, per far salire la pressione a tutti? Il codice IBAN è un semplice codice che serve per identificare perfettamente il tuo conto. Sai quanti caratteri ha? Ventisette. Capisci per semplificare? È il numero più lungo del mondo. Un numero lungo come le balle dei cani da caccia. L'IBAN è sicuramente più lungo di parecchi piselli che stan leggendo il libro in questo momento. Più lungo del tuo che sarà al massimo come il codice CIN che è solo una lettera. P! E anche il numero di conto. Uguale. L'han semplificato e adesso è diventato lungo come la catena del water. Con davanti sei o sette zeri scritti grossi come le cacche dei topi che se uno li deve ricopiare gli vengono gli occhi iniettati di sangue come a Willy il Coyote. Son tutte belle cose che aprono il cuore, fan prudere le mani e girare fortemente le sfere dei Ching.

Ma io non ce l'ho mica con i poverini che stanno agli sportelli... loro devon fare tutto, rispondere al telefono, fare i versamenti e cuccarsi anche la rogna della bussola... Quella capsula di antibiotico nella quale ti fanno introdurre per entrare. Ci sto stretta io. Se entra Ferrara non esce più, lo catturano e lo vendono come fosse una Simmenthal con tutta la sua bella gelatina. "Attenzione: depositare gli oggetti metallici nell'apposita cassettiera." Io non ho mai visto uno depositare gli oggetti nella cassettiera. Perché gli impiegati ne hanno pieni i maroni. Una volta aprivano perché tu dalla supposta trasparente facevi ciao con la manina... adesso aprono senza neanche guardare. A testa bassa. Aprono sempre. Son talmente sfiniti che se entra il rapinatore sventolando il kalashnikov lo fanno entrare lo stesso. Non sarebbe meglio che l'allarme suonasse per far uscire la gente? Così se uno ha rapinato resta nella bussola e i clienti gli tirano le agende dell'anno prima?

Reggiseno intelligente

È arrivato dall'Australia il primo reggiseno intelligente. "Intelligente" non perché puoi usarlo come una calcolatrice schiacciando due soli tasti, uno a destra e un altro a sinistra, ma perché dotato di sensori in grado di monitorare i movimenti limitando il traballare del seno. Il suddetto reggipetto è destinato alle Poppee, cioè alle donne che hanno delle poppe magnum. Le tettoniche a tolle. Le Peroni. Quelle che al posto del seno hanno due provoloni, due scamorze, due gatte grasse appese alle spalle. Donne costrette dalla natura infingarda a dormire sempre a pancia in su come le megàttere, donne che, se si chinano per legarsi le scarpe, dallo sbilanciamento battono la testa sul marciapiede e se si mettono il push up non riescono neanche più a leggere il giornale. Vanno dall'oculista a dirgli: "Dottore non ci vedo più... devo mettere gli occhiali?". Per sentirsi rispondere: "No, guardi madama, deve solo abbassare il reggiseno". Dicono che il seno perfetto debba stare tutto in una coppa di champagne. Ecco. Il loro sta stretto nel secchiello del ghiaccio e per farcelo entrare devono usare il calzascarpe. Non riescono nemmeno ad andare agevolmente in moto col fidanzato, perché le sgorbie fanno spessore, impediscono l'abbraccio e così nel salto dei cunettoni danno il giro. Comunque il traballio è un problema per tutte. Voi maschi non potete capire perché le cose che traballano a voi son più piccole e vi traballano poco. Vi girano, ma è diverso. Noi donne anche solo se corriamo a prendere il tram abbiamo dei palleggi che neanche un giocatore di basket. Ci vanno su e giù come degli yo-yo, come la cabina degli ascensori. Quando scendi le scale di corsa a volte hai come la sensazione che ti caschino e rotolino giù per i gradini. Che stiano su solo per un cordino. Hai presente quando rosicchi la pera e ti rimane il filone lungo? Uguale. Quando hai finito di scendere le scale ti dondolano ancora per tre isolati. Se poi per stizio decidi di non metterti il reggiseno sembra che sotto la maglia tu tenga un micio nella gabbietta che lo stai portando dal veterinario e non vuole. Comunque dopo il microchip nei reggiseni mi auguro che entro breve inventino per voi maschi un tutore da mutanda così potremo finalmente smettere di dirvi di tirare su l'asse prima di fare pipì. Tecnicamente si può fare in due modi: o un manicotto col mirino telescopico che ve lo tiene puntato sul bersaglio sempre e comunque, o un lettore ottico che appena vede che l'asse è tirato giù fa partire un impulso elettrico che ve lo strina.

Cervelli a basso consumo

Ma pensa un po'. Il Monte Bianco è cresciuto di due metri. Beato lui. Escludendo che sia un fatto ormonale, se no gli spuntavano anche le tette, come la mettiamo? Dicono che sia un accumulo di ghiaccio. Ma il pianeta non si stava surriscaldando? Qui non si capisce più niente. Neanche sulla temperatura della Terra riescono a mettersi d'accordo. Però continuano a trifolarci l'anima con 'sta storia del risparmio dell'energia. Noi facciamo di tutto. Chiudiamo i rubinetti quando ci laviamo i denti e ci facciamo venire la schiuma alla bocca come i dobermann, le lavatrici le facciamo di notte come i carbonari, mettiamo le lampadine a basso consumo che quando le accendi per il primo quarto d'ora ti sembra di stare in una stalla e chiudiamo il frigo quando ancora abbiamo mezza mano dentro a costo di tranciarcela via. Però qualcuno mi deve spiegare, mi deve dare un motivo, uno, del perché nelle città si lasciano interi grattacieli di uffici tutti accesi per tutta la notte e nessuno dice nulla. Non c'è uno che fa un plissé. Torrioni di venti piani accesi a giorno. Luminarie da casinò di Las Vegas. Con un computer a ogni scrivania acceso pure quello. Ma che ci vuole a obbligare gli uffici a spegnere le luci? E, già che ci siamo, a installare le lampadine a basso consumo? Ci avete fatto venire due lampadari di Murano così, con le "basso consumo", e poi? No, perché io posso anche leggere a letto solo con la luce del lampione di sotto per risparmiare energia, ma se poi mi sta completamente acceso il grattacielo di fronte mi sento lievemente presa per il culo. E i frigoriferi dei super? Ne vogliamo parlare? Che fa un freddo che neanche in Alaska? Che se tu passi per il corridoio degli yogurt ti devi mettere il passamontagna e le moffole e arrivi alla cassa coi baffi pieni di brina? Non è spreco di energia anche quello? È il caso di tenere le mozzarelle alla temperatura degli igloo? Mi chiedo. Che se compri un etto di burro poi per cucinare devi stirarlo altrimenti ti tocca tagliarlo con la motosega? Ci sono frigoriferi a banco lunghi sessanta metri. All'altezza dei salami ti comincia a colare il naso, ai latticini hai la punta delle dita blu, davanti alla pasta per la pizza cominci ad avere la broncopleurite, quando arrivi al latte fresco e yogurt hai tutti i sintomi del congelamento e ti butti sul girarrosto coi polli che sfrigolano perché ti sembra di entrare in una baita al caldo. Ma mettete una porta a 'sti frigo. Che consumano un lago artificiale di corrente al giorno. E i led luminosi che noi dobbiamo spegnere pena la distruzione del pianeta? Quegli occhietti rossi che ci guardano dalla sala? Noi li spegniamo, sì sì. Poi andiamo al super e ci sono quarantadue televisori accesi che trasmettono tutti lo stesso programma. E le scorte dei politici e amministratori? Che aspettano per ore e giornate intere i loro protetti e tengono il motore sempre acceso, d'estate per il condizionatore e d'inverno per il riscaldamento? Non si fa prima a pagargli un cicchetto al bar dell'angolo? E farli aspettare lì, che quando l'uomo politico esce chiama sul cellulare e l'autista arriva? E gli scontrini dei negozi? Che son grossi come quinterni. Compri uno stecchino e ti fanno uno scontrino che se lo avesse avuto tra le mani Picasso ci dipingeva sopra la battaglia di Guernica.

E nelle buche delle lettere? Che apri e ti spariscono i piedi sotto quintali di réclame? Allora. Mettete mano anche a quello. Son robe di buon senso che poi alla fine fan la differenza. Altrimenti... altrimenti non ci rompete i maroni. Fateci divertire e sprecare per questi ultimi dieci anni e poi

andiamo tutti a vivere nelle discariche come i ratti a sgraf-
fignarci l'un l'altro i rifiuti di tanti anni fa. Questi non sono
sprechi di energia, cari politici miei? I casi sono due. O cer-
cate di risolvere in qualche modo la questione o se no dite:
il risparmio energetico era una delle solite nostre cazzate,
fate pure quel che volete, usate il laser per tagliare il salmo-
ne e lavatevi i denti nella vasca da bagno!

Il pantalone globale

È un'urgenza che mi tengo dentro da troppo tempo. Ne devo parlare. L'umanità un senso comune dell'armonia, dell'estetica, dell'equilibrio ce l'ha. Perché se tu noti, a tutte le latitudini tutti dicono le stesse cose: bella la luce del tramonto, bello il sorriso di un bambino, bella la maestosità e la potenza dell'oceano. Insomma. Ci sono cose belle e cose brutte che sono uguali per tutti.

Ecco, io vorrei soffermarmi su qualcosa che noi donne abbiamo sotto gli occhi tutti i giorni e che appartiene alle cose brutte. Che vedendole ti vien da indietreggiare a scatti come i gatti quando vedono l'acqua. A cuscinetti tesi.

La brutta cosa che noi sempre siam costrette a vedere sono gli uomini che la sera si mettono i pantaloni della tuta con elastico largo in vita, e poi, vuoi per la stanchezza, vuoi per comodità, vuoi per uggia, vuoi per non saper che fare, se li tirano su su fin dove si può. Più in alto e ancora su fino a quando non è più possibile andare oltre se no si aprono in due come la trota quando le togli le budella. Ecco, lì si fermano.

Guarda, a me non me ne importa niente, che magari un uomo conciato in quel modo non sia quel Clark Gable che abbiamo conosciuto ai Murazzi, se ce l'hai ancora che gira per casa vuol dire che lo ami anche così, ma è proprio per gusto estetico che mi domando: tirando su l'elastico, quel farlocco che per forza precipita da una parte non è una roba brutta da vedere? Quella gnocca, quell'ernia laterale, quell'enorme carruba che scivola di lato? Perché in mezzo, dove farebbe la sua figurina, tra color che son sospesi, non sta. L'elastico fa da spartiacque, da divisorio crudele, da barriera che taglia, il bragone da ginnastica è il massimo del bipolarismo, o di qua o di là, niente grande centro. Al massimo capita che il grosso stia da un lato e dall'altro rimanga solo un rimasuglio, una frattaglia, una quisquilia, un partitino piccolo alla Mastella. Ecco: questa paccottiglia tutta incarognita da una parte, senza più forma se non quella di un sacchettino di un etto e mezzo di carne tritata, è brutto solo per me, è brutto per tutte noi, o è brutto a tutte le latitudini? Mi chiedo.

Quando la donna eschimese nella notte che lì dura sei mesi vede il suo compagno tirarsi su le brache da riposo in budello di foca fino alla quota massima, proverà quello che provo io? Penserà come me a cose brutte tipo: "Che orrore, sembra che nelle braghe abbia un cucciolo di pinguino morto"?

Alla polinesiana, nel suo paradiso di sogno, vedendo il suo Maramuk tirarsi su la sua tuta di pelle di cernia, non verrà voglia di farsi un giro in piroga nel triangolo delle Bermuda, piuttosto?

La giapponesina, quando il suo uomo alto come una pipa si tira su la pantalonazza di fibra di riso fin sotto le ascelle, perché i giapu sono corti e riescono a tirarsi su le slandre fino alle orecchie, vedendo quell'involtino primavera giallino, che visto lì persino il giallo diventa un brutto colore, non verrà voglia anche a lei di fare harakiri come la Butterfly? O di partire lei alla ricerca di Pinkerton con pinne e salvagente?

Le arabe. Lì gli uomini hanno i camicioni e la pantalona col cavallo basso, ma son sicura che la sera sotto la tenda il beduino tira fuori dei brachettoni di pelle di dattero e se li tira che tiritira amore bello su fino alla barba. Anche Bin Laden farà così.

Solo le russe han trovato una soluzione. Le donne russe, quando nella steppa vedono i loro cosacchi infilarsi un paio di calzoni di pelle di lupo ancora vivo, infilando le caviglie dalle orecchie, sai cosa fanno? Entrano una dentro l'altra. Ecco perché son nate le matrioske.

Obietto gli obiettori

È passata un po' la fissa delle moratorie ed è partito 'sto tormentone qua. Si obietta un po' su tutto. Persino sulla pillola del giorno dopo. Tempo fa una signora di Roma ha girato tre ospedali, e in tutti e tre le hanno rifiutato la pillola del giorno dopo dicendo che il medico di turno in pronto soccorso era obiettore di coscienza. È vero che a Roma gli ospedali son quasi tutti religiosi, han tutti quei nomi tipo San Camillo, San Filippo, Fatebenefratelli, Bambin Gesù, Fringuellin-beato, Bambin-bambù, Bel-bebè, però insomma. La pillola del giorno dopo non ha niente a che fare con un bambino: si limita a interrompere l'allegro viaggio dello spermatozoo verso l'ovulo.

Se andiamo avanti così fra un po' i preservativi li spacceranno i marocchini, la pillola anticoncezionale te la venderanno in discoteca insieme all'ecstasy o dovrai procurartela ai Murazzi. Ma scusate, 'sta pillola, funziona mica come la droga!? Che una pillola è per uso personale ma se ti beccano con due è già spaccio? Faremo come con le canne? Che poi, quando in televisione chiedono a Fini o Rutelli: "Ma lei fa uso di pillole del giorno dopo?" ti rispondono: "Guardi ho provato a prenderne una tanti anni fa con gli amici in vacanza ma mi ha solo dato un po' di nausea... ". E non solo. Obiettano anche i farmacisti. Ma vi sembra normale? Ma se si fa così non se ne viene più a capo. Se ogni farmacista decide di non vendere i farmaci che gli stanno sulle balle poi per trovare una medicina cosa fai? Guardi su Wikipedia se c'è in zona un farmacista ateo? Se ogni farmacista obietta secondo suo gusto ci troveremo poi quello che dice: "Ah no signora, mi scusi ma le supposte io non le vendo perché sono contro natura. No, non mi chieda la purga perché io sono un animalista convinto, mi batto per la salvaguardia del crotalo e dell'Orango di Sumatra, vuole che non difenda pure il verme solitario? E non mi chieda neanche lo shampoo contro i pidocchi perché io li allevo. Lo spray contro l'asma? No, perché buca l'ozono. I cartocci per le orecchie, quelli che gli devi dare fuoco, no perché si riscalda il pianeta". Sarebbe impegnativo per gli utenti. O no?

Sano come un topo

Iu-uh. Buone notizie per i maschi. Hanno trovato il gene che provoca la calvizie. Ma aspettate a fare la ola. Pare che sia un gene di una calvizie molto rara che hanno pochissimi maschi, per cui ciccia. Vi tenete le vostre belle chieriche e fine. Come noi abbiamo la cellulite voi avete la calvizie. Tanto siete tutti piazzati uguali. I maschi con tanti capelli, con la cotenna fitta come quella dei maiali son pochi: Davide, Lenny Kravitz, Ronaldo e il sindaco di Torino che ha più capelli di un panda.

E lo schiaffo morale più bruciante è che molti di quelli che non hanno capelli sopra la testa ce li hanno di dentro. Gli crescono... come dire... all'interno. È come se fossero ripieni di pelo. Come un maglione d'angora rivoltato al contrario. Lo noti perché ogni tanto il pelame gli esce dalle orecchie, a ciuffo. Ai maschi spelati succede anche che gli si infittiscano le sopracciglia a tappetino. Gli manca di scriverci sopra "Salve". Oppure gli crescono dei grossi ciglioni duri e lunghissimi come le antenne delle aragoste. Speriamo solo che la scienza possa fare qualcosa per fermare questo orribile spettacolo.

D'altronde si fanno degli enormi progressi per la cura di malattie gravissime e questo ci rincuora. Avete notato? Ogni giorno una notizia nuova. E la notizia di solito comincia così: trovata la cura per il morbo del Parpagnac, per la

Merlite progressiva, per la sindrome del Belbaluba. E se tu conosci qualcuno con quel morbo lì, drizzi le orecchie. Poi il giornalista va avanti: "Si è scoperto che le cellule drominali vengono stimolate dal periperione, che inibisce il fibroblasto producendo cellule smanettali che rigenerano la placca soave". Tu ascolti, ovviamente non capisci una mazza, e aspetti che finisca il sermone giusto per sentire se il farmaco è in vendita. E invece niente. Sempre, sempre, sempre finisce dicendo: "Per ora la medicina è stata sperimentata con successo solo sui topi. Ci vorrà ancora molto tempo perché la cura possa essere sperimentata sull'uomo". I topi, minchia, guariti tutti. Praticamente abbiamo una generazione di topi sanissimi e una di uomini rovinati. Stan facendo guarire i topi da qualsiasi cosa. Io sono contenta per i topi, sia chiaro. Ma siccome noi quando drizziamo le orecchie non è perché stavamo per partire per Lourdes con un topo infermo, chiedo: è possibile dare le buone notizie solo quando riguardano già gli esseri umani? Ripeto: io gioisco se il topo è sano e la topa in buona salute, se un Ratatouille può ricominciare a rosicchiare il groviera come prima di ammalarsi di Parpagnac, ma mi incazzo molto se penso che non sono topa. Che dobbiamo fare noi umani? Metterci le orecchie da Topolino e fare un sit-in alla ASL non mi sembra la soluzione migliore. Allora vi chiedo. Cortesemente. Non dite che si tratta di topi alla fine della notizia. Dite subito "Buone notizie per i topi", "Novità per i ratti". Così lo so, prendo Topo Gigio, lo metto davanti alla TV, e io vado a vedermi due vetrine.

Il Barbera non si applica

Io un saltino lì, in quei Saloni del vino, lo farei. Giusto così. Per bermi un bicchiere e godermi lo spettacolo. Pieno di pubblico e intenditori così, tutti a dire la loro. Già, perché i veri intenditori sono pochi. La maggior parte son gadani che si credono esperti e poi non sanno distinguere una coca da un chinotto. Però fanno i fighi. Stan lì a sventolare i polsi, a girare il bicchiere come se dovessero far sciogliere l'aspirina. Gente che fino a un giorno prima non distingueva il Grignolino dal cherosene, di colpo parla di annate: "Eh ma quella del 2002 non ha niente a che fare con quella del 1998... ". Ma taci... Ma che ne sai? Io non mi ricordo neanche se nel '98 ero già fidanzata! Ma non hai una mazza di più sensato da ricordarti? Sono quelli che per bere un goccio di vino ti fan due sfere dei ching così... E poi annusano. Mettono il canappione dentro e tiran su di narice. Cosa fai? L'areosol? Cosa vuoi che ci sia lì dentro? Pipì? Son quelli che se ti sbagli e gli chiedi: "Com'è 'sto vino?", loro cominciano: "Dunque... questo Brachetto ha buona personalità e voglia di dimostrare le proprie qualità". Un bicchiere di Brachetto? Ma si dice una roba così di un vino? Ma al limite del produttore! E quando il vino non è granché allora cosa devi dire? 'Sto Barbera non si applica, 'sto Grignolino non si impegna, 'sto Zibibbo è distratto e macchia le tovaglie? "Naso complesso con bouquet di frutti neri e fiori ap-

passiti." E che gusto hanno i fiori appassiti? Scusa tesoro.
Ma secondo te io nella vita passo il tempo ad assaggiare le
rose spuflite e poi a chiedermi che gusto hanno? "Un vino
sapido con un finale lunghissimo." Che finale può esserci
dopo un bicchiere di vino? Un rutto?

Stiamo parlando di un vino... Semplifica ciciu... Di' che
se lo bevi è buono... Di' che non ti fa venire il mal di testa,
che ti resta un buon sapore in bocca e che però devi stare
attento al fondo perché viene giù quella segaturina schifi-
da che te lo rovina. Con quelle manine bianche e curaline
che si vede che non fai una mazza dalla mattina alla sera...
Sempre lì a tirarti il vino sulla medaglia... a tirar giù golate
e a fare sciac sciac sciac con la bocca come Paperino... Sai
cosa mi fai venire voglia di fare tu? Te lo dico. Di bere. Ma
sai cosa? Un bicchiere di coca. Una media di coca fredda.
Con delle bolle grosse come palloni. E quando annusano il
tappo? Io divento matta. Te lo dico io che odore ha il tappo, amore. Odore di vino. Pensa un po'. Il tappo sa di vino.
Credimi. Son sicura. Son poche cose sicure al mondo. Che
la macchina di uno che ha il cane sa di selvatico, che i calzini puliti dopo una giornata di Clark san di gorgonzola,
e che il tappo di una bottiglia di vino sa di vino, credimi
sulla parola... E poi io mi dico: coi vini non sarà come coi
profumi? Che magari io sento un gusto e tu ne senti un altro? Come con le ascelle. Ognuno ha le sue. E una diversa
dall'altra. Se su di te il "Pico Srabam" sta da dio, su di me
magari fa odore di margarina rancida. Se su di me il "Fan-
faluc" sa di bouquet, su di te prende il retrogusto di sgom-
bro sott'olio.

Cartucce mignon

Vorrei fare un appello a reti unificate. Una supplica. Non c'entra Ruini, giuro. Un'implorazione accorata. Guarda. Scrivo il pezzo in ginocchio. Mi rivolgo a voi, costruttori di cartucce per stampanti. Vi scongiuro. Potete fare le cartucce del nero un po' più grosse così durano di più? Potete evitare cortesemente di sfornare cartucce piccole come gianduiotti con dentro l'inchiostro sufficiente per stampare "Ciao pirla" in Arial 14? Vi prego amici. Smettetela di produrre pistolini minuscoli. Io non vi chiedo mica di abbassare i prezzi! Se voi pensate che una cartuccia debba costare più o meno come un paio di jeans, va bene. Se voi ritenete che una cartuccia costi praticamente come una stampante, mi sfugge la logica ma lo accetto. Conviene comprarsi una stampante poi buttarla via e tenere la cartuccia. Non chiedo neanche di migliorare la distribuzione in modo da non dover girare ventisette negozi prima di trovare la mia. Che faccio prima a trascrivere a mano. Che si fa prima a trovare un tartufo. Però vi imploro. Fate in modo che il nero duri un pochinino di più. "Eh ma la nuova tendenza è di produrre stampanti piccoline, portatili, molto più comode..." Va bene. Fate pure delle stampanti mignon ma con cartucce enormi. Fate dei fenomeni della natura come la Clerici che è piccolina con le tette grosse. Vi faccio una proposta. Perché non fate la cartuccia del nero grossa almeno il

doppio delle altre? Se volete vederci esultare fatela grossa il triplo. Anzi. Vi dico di più. Grande metà della stampante. Triplicate i costi, non voglio limitare i vostri guadagni, per carità. Perché poi tu la cambi e frrrrtttt frrrrrtttt frrrrrttttt la stampante ti stampa di sua sponte la prova stampa che ti consuma già di suo metà cartuccia. Ratatatapatapatapatà. Due pagine di geroglifici e caratteri atzechi tutti in grassetto. Ma non basterebbe una scritta in minuscolo: "Guarda come stampo bene" e punto? Adesso per gli isterici come me vendono anche i kit per ricaricare le cartucce. Una siringa come quella che il dottor House adopera per sedare gli oranghi, una boccetta di inchiostro, e la maledizione di Michael Jackson, perché chi la usa fa il percorso inverso, da bianco diventa nero.

Ma quello delle stampanti fa parte di questo genere di misteri. Perché, e ripeto perché, i rotoli del fax sono di 1800 tipi? Lunghi corti, spessi larghi, stretti lunghi? Anche lì. Perdo meno tempo a portare a mano il documento che non a cercare il rotolo per il fax che funzioni. E vogliamo forse parlare dei caricabatteria dei telefonini? Io ne avrò 36. Ogni telefono c'ha il suo. Chi ce l'ha tondo, e chi ce l'ha quadrato, e chi con lo spinotto piccolo e chi col buco grande. Ma vi rendete conto o no che per ingrossare le vostre tasche ci tirate tutti scemi? Fatene uno universale che vada bene per tutti i buchi. D'altronde la natura insegna. Pensa se le donne dovessero cercare il maschio dotato di spinotto giusto per ognuna. Sarebbe una follia. I maschi hanno un caricabatteria universale. E noi donne non abbiamo mai fatto un plissé. Mai una rimostranza alla direzione generale.

Papa e Big bang

Certo che la Chiesa non perde tempo. Non sta mica lì a pelar acini d'uva. La grande notizia è che ha deciso di ammettere l'esistenza di altre forme di vita su altri pianeti. Su questo pianeta qui dobbiamo accontentarci di forme di vita come me, ma in giro per le galassie ci può essere ET che telefona, Obi-Wan Kenobi che posteggia il disco volante sugli anelli di Saturno, Mork che danza sulla coda di una cometa sulle note di Nano-Nano. Provo a spiegarmi meglio, io che sarò la prima nel regno dei cieli perché poverissima di spirito. Un gesuita, padre José Gabriel Funes, che dirige l'osservatorio astronomico del Vaticano, ha detto che "essere credenti e credere ai marziani da oggi si può"... che "non possiamo escludere che la vita non si sia sviluppata altrove". Giuusto. Guarda la Gregoraci che si è sviluppata partendo da Briatore.

Ma non solo. Padre José si spinge oltre. Ha dichiarato di credere anche alla teoria del big bang. Che mito. Persino la teoria del big bang lo sfagiola! Noi non siamo figli della casualità ma "di un padre buono", che, aggiungo io in parole spicce, sparava le castagnole, giocava coi petardi. Finalmente tutto si è fatto chiaro. Armonia nella dissonanza. Alba nelle tenebre del mio pensiero. Non sarà allora che noi umani siamo così teste di minchia proprio perché nasciamo da un big bang? Da un grande scoppio? Ma è ovvio. È come partorire un figlio durante il Capodanno a Napoli. Ma il creatore non ci poteva creare da qualcosa di più tranquillo? Non so... un sospiro, uno sbadiglio, volendo uno starnuto? Non poteva sfornarci dopo una pennica? Proprio da uno scoppio di mille megatoni? E adesso tutti a dirci: "Però... siete un po' peccatori, eh?". Ma vorrei vedere te se nasci da uno scoppio come vieni! Ancora grazie che siamo venuti così, che non siamo venuti tutti come Sgarbi. Son quei misteri che va' a sapere.

A proposito di misteri. Una cosa se posso dire. Un appunto, se posso permettermi... Visto che padre José parla con gli UFO, potrebbe in un ritaglio di tempo parlare anche col suo capo e dirgli di cambiare fotografo? Che quello che ha è un disastro? Non c'è una foto, che sia una, in cui il santo padre sia venuto decente. E con i capelli sparati all'in piedi come un anziano punk tedesco, e con la mantella che gli schiaffa la faccia, e col vestito che gli vola da sotto come Marilyn quando stava sul tombino... e storto e sghembo e sbirgolo... con le occhiaie come Mr Bean... sempre color banana matura, giallo con sfumature nere... Ma chi lo fotografa? Il regista di *Paperissima*? Certo. Lui non è che aiuta. Perché se si mette i mocassini di Prada rossi e il camauro da Babbo Natale, già non partiamo avvantaggiati, non è che le paterle rosse e la cofana con le pigne gli conferiscano tutta questa maestosità. Sembra che lo fotografino sempre quando c'è vento. Per carità, che non vada mai a Trieste se no lo vediamo poi attaccato con le mani a un divieto di sosta che sventola in orizzontale come una bandiera! E speriamo che non venga mai un tornado, se no capace che pubblichino anche la foto in cui vola come Mary Poppins sopra ai camini...

La pipì anarchica

Adesso voliamo basso. Io ve lo dico. Sappiatevi regolare. Allora: prima notizia. Il sindaco di Parigi per ovviare alla brutta abitudine dei parigini maschi di far pipì contro i muri della *ville* ha installato dei simpaticissimi dispositivi anti pipì. Che sarebbero poi dei pannelli ondulati che, se tu ci fai pipì sopra, la suddetta ti rimbalza addosso. A ventaglio, restituendoti il malfatto con gli interessi. Il classico: chi la fa la aspetti. Quindi chi ha un magnum di prostata e si riduce a far pipì contro i muri d'ora in poi se la farà direttamente addosso. Chi di urina ferisce di urina perisce.

Vorrei solo sottolineare che questa di spisciazzare sotto i portici e dietro i vicoli è un bella moda anche torinese ed è squisitamente maschile. Noi femmine non pratichiamo il genere... Anche perché anatomicamente parlando sarebbe un filo complicato. Per noi è un casino anche solo far pipì tra le macchine, finisce sempre che ce la facciamo tutta sulle scarpe di camoscio. Perché noi non siamo come voi maschi che stabilite la rotta col vostro comodissimo joystick di dotazione. La nostra pipì è molto più anarchica. Si dirige un po' dove vuole. Siamo creative anche in quello. La nostra pipì è a pioggia come i finanziamenti della regione.

Altra notizia. Si è concluso in India il settimo consiglio di Gabinetto World Toilet Summit. Un grande evento sans frontières dove i grandi della Terra si sono dati appuntamento per parlare del gabinetto e dove pare sia stato presentato in anteprima un nuovo modello di water che ricicla le feci in biogas e le urine in concime... Io son caduta dal pero. Non sapevo che nel mondo ci fossero ancora due miliardi e seicentomila persone senza servizi igienici. Cioè: quasi la metà degli abitanti del pianeta quando ha lo stimolo va per cespugli. Come facciamo noi occidentali quando andiamo a funghi. E questo organismo mondiale che si occupa appunto di igiene quest'anno ha proposto 'sto prestigiosissimo water che trasforma la cacca e la pipì rispettivamente in gas e in fertilizzanti. Volevo non parlarne perché sembra che uno voglia fare della comicità facile, ma come si fa a non dire niente? Io trovo che sia una cosa bellissima! Questo è il vero riscaldamento autonomo, capisci? Usi il gas che produci tu, per scaldare la tua casa! Certo d'inverno bisognerà mangiare tanta verdura e cereali se no si resta al freddo, però pensa che meraviglia. Tu vai in bagno e col biogas prodotto fai funzionare la stufa. Se sei stitico ti potrai fare al massimo due uova al tegamino o un pugno di riso bollito, se invece hai un prodotto interno lordo di una certa entità potrai farti il Brasato al barolo che richiede una cottura lunga. Quindi in casa, le scene da un matrimonio non saranno più come quelle di Bergman dove i coniugi si dicevano due parole in due ore, ma in questo caso si potranno sentire dialoghi un filo più coloriti del tipo: "Amore, tesoro? Per favore puoi andare al cesso che devo fare la peperonata?" e la Marcuzzi diventerà una santa con molti adepti. Visto che si discute tanto di cibo è anche giusto seguire il cibo fino alle sue ultime incarnazioni, no?

Pan di spugna

Alé. Hanno scoperto il gene dell'invecchiamento. Il figlio di Scapagnini, il medico di Berlusconi, lo Scapagninetto, ha scoperto la dieta ottimale per rimanere sempre giovani e in forma. Pare che la dieta perfetta venga dal mare. Non è un caso che i giapponesi che mangiano tanto sushi siano così longevi. E quindi, secondo lo Scapagnini junior bisogna mangiare: alghe, spugne e frammenti di corallo. E un riccio di mare attaccato alle chiappe, no? Che aiuta a fare molto movimento?

Pare che Berlusconi, dopo aver sentito che per garantirsi la giovinezza più a lungo tocca seguire la dieta che viene dal mare, si sia già bevuto tre acquari di seguito. Quindi ricapitoliamo: alghe, spugne e pezzi di corallo. Però c'è un problema: come le cucini 'ste robe? Che Scapagnini pubblichi almeno un ricettario. La spugna come la condisci? Col Badedas? Oppure la usi come base per le torte e fai il pan di spugna? È complicato. Se fai le spugne in brodo se lo succhiano tutto, forse conviene farle impanate e fritte nell'olio. Rimangono un po' unte, ma con un filo di immaginazione puoi pensare che siano delle specie di zeppole. Piatte. Anche i pezzi di corallo. Devi avere i denti buoni. Se sei giovane sì, ma prova a masticare il corallo a ottant'anni! Ti si sgretolano i canini. Devi prima allenarti col croccante dei Luna Park. Sarà. Mi sa che a mangiare 'ste robe non è che vivi più a lungo, è che la vita ti sembrerà molto più lunga.

Comunque meglio inghiottire una spugna che un piccione. Avete presente la pubblicità delle gomme da masticare? Dei *cicles* come li chiamiamo noi? C'è un tipo sul motorino, che va per la sua bella strada. A un certo punto vede una belloccia sul marciapiede, sbalordisce, spalanca la bocca e gli entra dentro un piccione vivo. A tutta birra. E lui che fa? Visto che non è di suo gradimento lo sputa fuori e poi con la lingua a spatola caccia via dalla bocca le piume, una per una. Spruf spruf... Posso dire una cosa? MA FA SCHIFISSIMO!!! È una roba orribile. Ma come vi è venuto in mente? I piccioni sono degli animali che fanno schifo a tutti. Anche morti cucinati. I piccioni sono delle nutrie volanti piene di malattie. L'idea di inghiottire un piccione vivo ti viene solo quando ti addormenti di colpo dopo aver mangiato la bagna cauda fredda. Potevano almeno mettere Povia sul motorino. Così per completezza. Io sono letteralmente terrorizzata. Se con una pubblicità così si venderanno più gomme da masticare prepariamoci a vedere la Marcuzzi sul vaso da notte e Giancarlo Giannini con una presa elettrica all'altezza del sedere che dice: "L'energia va oltre...".

A proposito di Marcuzzi. Avete notato? Adesso lo spot della naturale regolarità ha subito una svolta. Colpo di scena. Non è più lei che si è regolarizzata ma fa le interviste alle altre. "Io? Io vado di corpo che è una meraviglia..." E tu? "Io guarda. Da quando mi stono di yogurt sono un orologio." E tu invece? "Io, sono al settimo cielo. Quando è ora spalanco i portoni del MOSE e credimi. Non ce n'è per nessuno."

Allarme siccità

Mai guardarsi allo specchio la mattina. È sempre un gesto di cui potresti pentirti. Io oggi per esempio sono bianca con le occhiaie blu come la moglie di Dracula. Sarà colpa della siccità. Il Po è in secca e anche a me affiorano i sassi. Fulco Pratesi dice che per risparmiare acqua e salvare il pianeta basterebbe farsi una sola doccia alla settimana, cambiarsi le mutande ogni tre giorni e i calzini ogni quattro. Per alcuni maschi non credo sarebbe un problema. Anzi si adatterebbero tranquillamente al Fulco style. Per noi pischerle invece viaggiare con la mutanda vintage creerebbe seri danni al sistema nervoso. Però per risparmiare l'acqua dello sciacquone io un'idea ce l'avrei. Invece di fare cordate per comperare la Telecom facciamo le cordate per andare di corpo. Ci si mette d'accordo in sei, tipo tutti quelli dello stesso pianerottolo, o quelli della scala A, o della scala B, o della scala C, si va tutti nello stesso water e l'ultimo tira l'acqua. Pensa che risparmio. Per la pipì uguale. Va per primo quello che ha mangiato gli asparagi e per ultimo quello che ha bevuto la Fiuggi.

Ormai non c'è TG che non abbia almeno un paio di servizi apocalittici sulla siccità, conditi di immagini di terra crepata, arbusti smufliti e dromedari che passeggiano per la pianura Padana. Poi arriva la pubblicità e son tutte mezze nude, tutte a lavarsi sotto docce che sembrano cascate del Niagara. "Guarda come mi lavo con il bagnoschiuma alla muffa del larice, vedi un po' come mi sguro col peeling alla rosa muscheta, annusa questa ascella? Mmmhh... è nuova? No, l'ho lavata col Mistero d'Oriente, costa tanto e non sa di niente..." Adesso se passa la linea laviamoci meno salviamo il pianeta nelle pubblicità voglio vedere una massaia al mercato che fa all'amica: "Senti questa ascella?". Quella tira una snasata e casca con la faccia nei carciofi. "Sentito? E son solo sei giorni che non mi lavo, aspetta la settimana prossima."

Comunque tant'è. Risparmiamo pure noi cittadini, ma ricordiamoci anche che il 40 per cento di acqua se ne va persa perché le tubature sono vecchie e bucate come fette di Lerdammer. E nessuno le cambia perché costa. Certo. Però se non le cambiamo costerà sempre di più. Mai un politico che dica "se comando io cambio le tubature". Non si trova. Di cosa avete paura? Che la gente dica: "Io non lo voto perché spende tutto in tubi"? È esattamente il contrario. Io il prossimo lo voto solo se mi promette che cambia i tubi.

Battibecchi in politica

Mi pareva strano. I toni tra la maggioranza e l'opposizione si stanno inasprendo. È partito all'inizio che era tutto "un prego parli lei, guardi non sono d'accordo, no, scusi, cortesemente mi lasci dire... " e adesso stan già partendo le prime raffiche di vaffan... Berlusconi non ride più. Sembra il convitato di pietra del *Don Giovanni*. Come se avesse perso l'uso dei muscoli facciali e fosse fatto di granito dei marciapiedi. Grigio. Anche nelle nostre TV a colori viene fuori in bianco e nero. Napolitano, il nostro prode Napisan, è furioso. Gli girano a ventola. Non so se avete notato ma quando cammina sembra che sia persino un po' sollevato da terra. Sarà l'effetto dinamo degli amici di maria. Napisan? Tieni duro che è ancora lunga... Noi abbiamo bisogno di te. Ci piaci.

Che fenomeno strano però. Da anni come Paese produciamo una classe politica media di discreti balenghi, di gente che vola alto come le pulci sul culo dei cani e invece riusciamo a produrre dei presidenti della Repubblica non solo dignitosi, persino egregi. Pertini, Ciampi e adesso Napisan. Com'è possibile? Sarà l'aria buona del Quirinale? Un po' come i vitelli che stanno sugli alpeggi alti, che sono meglio di quelli di pianura... Napi, riposati, mettiti i calzoni della tuta che stai più comodo, quelli con l'elastico molle che puoi tirare su fin sotto le ascelle e ti dan senso di contenimento, infilati un paio di scarpe da ginnastica di quelle morbide, cinque euro in tasca che se ti viene voglia di un chinotto al chiosco ce li hai, e via al parco... passeggi, ti rilassi, quando ti vengono in mente Veltroni e Berlusconi tiri un calcio in culo a un cane che passa, tanto con le scarpe molli non gli fai male, e vedrai che poi torni tra i tuoi pisquani con rinnovata foga e rinnovato entusiasmo. Magari ai giardini incontri pure Prodi.

A proposito. Che fine ha fatto Prodi? Si son perse le tracce. Sparito. Smaterializzato. È bastato che dicesse: basta, vado via dalla politica... e alé. Fine. Non lo caga più nessuno. Fino a non molto tempo fa te lo facevano vedere in tutte le salse, te lo sognavi anche di notte che rosicchiava la testa di Turigliatto come il Conte Ugolino... e adesso fine. Perse le tracce. Ma come mai? Persino di un soufflé, quando non monta in forno ti resta qualcosa! Persino di un fidanzato che se ne va ti restano per anni i suoi calzini nel cassetto e un paio di mutande taglia 52 che adoperi per lucidare il parquet. Lui niente. Quasi quasi faccio un appello. Sparito pensionato italiano. Sui settanta, corporatura robusta, occhiale montatura Telefunken, viso a forma di Tetrapak. Bocca larga e dentatura all'indentro come gli squali bianchi. Forse denti retrattili. Spesso indossa un casco da sci che lo fa sembrare un uomo-proiettile del circo, negli ultimi tempi dava leggeri segni di squilibrio sostenendo che la legislatura sarebbe durata cinque anni... Romano! Se senti questo appello, se sei in un bar di Viserbella con la televisione accesa, torna! Gli screzi si possono ripianare e Mastella ti vuole ancora bene...

Il tango in tanga

Finalmente una bella notizia. Sia la Arcuri sia la Bellucci hanno fatto una pubblicità di intimo femminile. E in tutti e due gli spot, tutte e due ballano il tango. Fan molto ridere. Ballano il tango in mutande. Cosa che noi donne facciamo spessissimo. Uscendo dalla doccia ci infiliamo le mutande e il reggiseno e via due giri di tango e un casqué contro il lavabo. Tan. La domanda è la seguente. Perché il tango in mutande? I copy non hanno più idee? Oppure è uscita una legge che obbliga nelle pubblicità i testimonial a ballare tutti il tango in mutande qualsiasi sia il prodotto? Non sarebbe male. Bifidus attivo? Marcuzzi in mutande che balla il tango correndo al bagno. Gomme da masticare? Scoiattolo balla il tango in mutande sul ramo, finale identico ma con le braghette che si sciancano e volano via come le vele dell'*Olandese volante*. Carta igienica? Ferrara in mutande che balla il tango correndo dietro al rotolo.

Ma apriamo una parentesi di senso. Non si capisce come mai in questo spot sia Monica che Manuela siano tutte e due ingrugnite che metà basta. Cupe, tenebrose. Facce da carogne uscite dal carcere duro, da lupe mannare che han sbagliato la purga. Sarà che adesso è partita 'sta moda qua. Che nelle pubblicità dell'intimo son tutti incazzati neri, con gli occhi da diavolo e lo sguardo maligno che hanno i cervi quando son lì lì per prendersi a cornate nei documentari della National Geographic. Ma perché? Perché l'erotismo deve essere rappresentato come incazzatura? Ma quando fai l'amore sei mica così? Mediamente sei contento come un puciu. Fai quella faccia lì quando ti scippano la borsetta. Allora sì. Serri la mascella e fai gli occhi da cinese. Perché? Ma agli uomini piace far l'amore con una che sembra che ti odi? Che sembra che pensi: "Ma perché non crepi"? Ma un sorriso, uno, una volta? Ce la vogliamo mettere una donna con un'espressione che sembra dica: "Te la do ma senza camminarti prima sul testicoli coi tacchi"?

Ultimo, poi chiudiamo l'argomento belle fighe. La Arcuri ha dichiarato: "Io a letto concedo sempre il bis perché gli uomini la prima volta che fanno l'amore con me si agitano sempre moltissimo perché pensano: 'Oddio, sono a letto con la Arcuri... '". Commenti? Qualcosa da ridire? Facciamo un minuto di silenzio? Ok. Va be'. Parlo io. Dico io. Manu? Meno. Un filo meno, Manuela... Cala. Tra l'altro non ho capito bene che cosa cambia la seconda volta. Non pensano più di essere a letto con te e pensano di essere a letto con Rosy Bindi? Io non so chi frequenti, Manu, ma io conosco dei bei muratori, dei bei vigili del fuoco di taglia e spessore, che non starebbero tanto in ambascia a far l'amore con te, anzi... Alla fine sarebbero poi loro a dirti: "Facciamo il bis". E prima di andar via ti stringerebbero la mano e ti direbbero: "Piacere. Son Flavio Pautasso fresatore di seconda, se non rompi i maroni ti do poi il cellulare...".

Jù les mains da la topìn

Ma pensa un po'. Si è improvvisamente risolta la questione dell'emergenza sicurezza nelle città. Deve essere per questo che hanno diminuito le forze dell'ordine e ridotto al lumicino la benzina per le volanti. Oppure siamo un Paese governato da pazzi. Ma se fino a ieri su 'sta storia della sicurezza ci han sfrittellato le palle, ce le hanno grattugiate come il parmigiano, ce le hanno fatte alla julienne, a fili sottilissimi come le carote, ridotte a coriandoli, a trucioli di compensato... Qualcuno aveva addirittura proposto il braccialetto antistupro. *Porta a Porta* aveva persino preparato il prototipo da far indossare a Crepet in diretta mentre Vespa simulava di approfittare di lui. Louis Vuitton ne aveva già disegnato uno in oro e diamanti con la scritta JÙ LES MAINS DA LA TOPÌN, così il maniaco oltre a stuprarti ti poteva portar via bracciale e braccio compreso.

A parte che volevo solo puntualizzare che il 69 per cento della violenza sulle donne avviene in casa e che quindi dovrebbero essere le mogli ad avere bracciali sonori, io dico: ma non è lo Stato che deve garantire la tranquillità nelle città? Lo Stato attraverso le forze dell'ordine. Che infatti adesso riducono. Vi odio. Il braccialetto antistupro funziona così: tu schiacci, mandi il segnale e pif! la volante arriva subito perché sa dove trovarti visto che il braccialetto funziona un po' come quando mettono l'antennina alle tartarughe marine. Arriva subito. Certo. Se ti va bene arriva un poliziotto a piedi perché ha finito la benzina. Magari con la macchina di pietra di Fred Flinstone. Vorrei far notare che lo stupro è una roba veloce. Non c'ha i preliminari. E quindi: o il braccialetto lo fai suonare con anticipo, tipo quando in un luogo isolato vedi uno con la faccia da galera che si sgatta nelle mutande, e magari finisce che fai arrestare un avvocato che stava solo cercando di disincastrarsi gli amici di maria dagli slip oppure, se aspetti di capire, quando premi il pulsante è già tardi. Ma perché invece di fargli fare le scorte a cani e porci non mettete più forze dell'ordine a presidiare il territorio? E garantite la sicurezza della pena? Non che uno fa il maiale di lunedì e il sabato è già a casa per il weekend.

E poi basta con 'sta storia: "Eh, però se ti metti la minigonna poi non è che puoi pretendere...". No, invece pretendo. Se mi metto la mini a cerotto e il top scopri filippe io donna so che attiro l'attenzione. Se non son cretina so che le possibilità che qualcuno mi stampi la mano sul tafanario sono altissime. E magari tutto sommato è quello che cerco. Ma da lì, dalla mano morta alla violenza sessuale ne corre, è come passare dal risotto alla merda, se mi consentite la licenza poetica. "Eh, ma se vai in giro vestita così provochi il maschio." Ma stiamo mica parlando di maschio del dobermann, che quando è in calore ti si attacca al polpaccio e fa tutto il repertorio del kamasutra coi cuscini! Stiamo parlando di maschio della specie umana, un minimo di autocontrollo dovrebbe avercelo. Ragazze. Datemi retta. Meglio prevenire che aspettare di essere curate. State all'occhio, imparate a ruotare la testa di 360 gradi come i gufi e fidatevi pochissimo.

Sarkò e Carlà

E continua la telenovela del prode Sarkozy che a tutt'oggi se la batte con Ridge di *Beautiful*. Manca solo che caschi dentro a un forno e poi resusciti anche lui. Ormai il fatto che quell'omino sia anche il presidente della Francia è un dettaglio, quel che conta è ciò che avviene tra le sue lenzuola, abitate prima dalla tosta Cecilià e adesso dalla bella Carlà. Una delle puntate più appassionanti ha avuto come colpo di scena la questione dell'anello. Il fatidico "Coeur Romantique" di Dior, una tormalina rosa crivellata di diamanti. Un gioiello troppo modesto per un presidente, visto il prezzo, solo ventimila euro. Io, se Davide mi regala un anello da ventimila euro, faccio esplodere i botti di Capodanno, faccio la danza dei sette veli sul balcone, e mi appendo ventiquattro ore su ventiquattro alla sbarra del tram come una macaca e vado da un capolinea all'altro per metterlo in mostra. Ma la Carlà ha fatto un sospiretto, uno dei suoi quando canta *Quelqu'un m'a dit...* e bon. E che sarà mai.

Il Nicolà c'ha fascino, potere, difetta un po' di fantasia. Sarà uno di quegli uomini che tengono nella scarpiera ventisette paia di mocassini tutti uguali e tutti maron. Però il fascino c'è. Il fascino, che non è la bellezza, che pure diciamo non gli è stata tanto amica, ma il fascino, quella roba che esce da dentro, silenziosamente... Il fascino è come la perdita del termosifone, che non sai da dove viene, non sai dove batte, ma fradicia tutto. Il fascino è quella cosa per cui tu donna vedi uno, lo guardi, dici dentro di te: "Io a quello non gliela darò mai!", e lui è già lì che si fuma la sigaretta del dopo. Cosa avrà 'sto Sarkozy? Sembra un gargoyle di Notre-Dame. È alto come un rododendro. Ha un naso che va bene da paletta per il gelato. Si veste da sposo, cammina come il Folletto se infili la spina per sbaglio nella presa industriale da 380 volt, eppure... Si è portato via la nostra Carlà.

'Sti francesi... ci dicono: "Parbleu che bello il cielo blu dell'Italia" e poi trac ci spazzano via tutto, la costa Azzurra, Nizza, la Savoia, la Bruni, tra un po' l'Alitalia... ma perché non si prendono anche i Savoia che san parlare bene il francese? Si prendono i Savoia, li mettono in Savoia e Avanti Savoia. Adesso dobbiamo metterci in pari. Non c'è un uomo pubblico nostro che riesca non dico a fidanzarsi, ma almeno a dare una bella impanata a una francese tanto per ristabilire le quote? Allestiamo Buttiglione per lo scopo. Guarda che Buttiglione se gli fai una liposuzione alla figura intera, gli dai due schiaffi per togliergli il sorriso da neonato, gli metti dei denti veri non da chihuahua e lo metti in controluce, fa la sua porca figura, neh? Poi: gli mettiamo una cintura in vita come quella dei kamikaze ma piena di Viagra, lo cacciamo a bagno nel Fahrenheit per togliergli l'odore di chiesa, lo facciamo vedere da un sarto bravo, non come adesso che sembra che sia cascato dentro per sbaglio a un vestito steso sul balcone del piano di sotto, e secondo me una come Fanny Ardant se la prendiamo in un momento di debolezza e con due linee di febbre, Buttiglione riesce non dico a portarsela a casa ma magari mezz'ora su una Panda a fare il giro dell'isolato ce la fa...

Che il cielo vi strafulmini

L'effetto Cogne dilaga. Son già tutti in coda per assistere al processo di Erba. È partita la corsa ai biglietti. È una notizia che non avrei mai voluto leggere. Posso dire che schifo? Anzi no, due parole son troppo poche. Ne dico tre. Siete delle merde. È tutta colpa della televisione. A furia di trattare i crimini come spettacolo, i tribunali si trasformano in teatri di varietà. Amici? Giudici, avvocati, gente che si occupa del processo? Siete ancora in tempo. Emanate un'ordinanza, un divieto, un decreto. Fate che il processo si celebri a porte chiuse. A porte sigillate, con tre mandate di chiave, a tapparelle abbassate, con le arringhe degli avvocati fatte con l'alfabeto muto e i giudici che tartagliano. Che vadano tutti a vedersi il film di Dario Argento se proprio vogliono sentir parlare di sangue. Che si mangino le pellicine delle dita fino a scarnificarsi. Non lo faccio mai ma a quelli che son già in fila per vedere il processo di Erba e a quelli che si sono presi a botte per assistere al processo di Cogne ho da fare un po' di auguri. Vi auguro che tutte le volte che mettete una camicia bianca vi sanguini il naso. Che vi accorgiate troppo tardi che il bagno dell'autogrill dove siete è senza carta igienica e che vi resti il tacco della scarpa infilato nello scambio dei tram. Vi auguro, inoltre, che quando parcheggiate dietro di voi ci sia sempre o una catena o un pilastro basso di cemento che non si vede e che possiate restare piegati a novanta col colpo della strega proprio quando siete nel recinto dei tori da monta. Vi auguro infine che vostra moglie faccia del ciupa dance con l'idraulico proprio mentre vi stava stirando la giacca buona, così che il ferro da stiro vi lasci la stimmata sulla schiena a segnalare che razza di cornuti che siete. Bon. Almeno mi sono sfogata.

Non ce la fax più

Sparisce il fax. La Brondi l'ha già messo fuori produzione. Sia lodato il cielo e l'universo tutto, amen. Finalmente sparisce quella marmotta grassa che ci ingombra da anni la scrivania, non funziona mai o se parte a muzzo lo fa solo in piena notte perché un pirla ti sta mandando una boiata. Da ora in poi basta. E soprattutto basta con l'incubo della segretaria che ti dice: "Senta, cortesemente mi può mandare un fax?". Quella frase orribile che le tue orecchie mai vorrebbero sentire. No, che non te lo voglio mandare il fax, balenga, piuttosto vengo io a portartelo a piedi. Dove stai? In Cambogia? Passo domani. Vengo io a cavallo di un pony, faccio free climbing, scalo tutti i piani e ti entro dalla finestra, mi faccio calare dall'elicottero sul tetto del tuo ufficio, ma il fax non te lo mando. Perché io lo so cosa significa mandare un fax. Prendi il foglio, lo infili, schiacci il pulsante rosso e lui beato... alé, si mangia il tuo bel foglio piano piano come fa il cavallo con la biada e poi ti spara in mano un origami. Un foglio plissettato. Ti risputa una gorgiera di carta spessa. E allora sei poi tu che sputi a lui. E questo quando devi spedire un foglio qualsiasi. Ma quando magari per fare la voltura di un'auto usata ti chiedono: "Senta, mi può mica faxare la carta d'identità?". Ma certo. Guarda, non vedo l'ora. E cosa vuoi che ti mandi ancora per fax? Il gruppo sanguigno? L'impronta della mano sul gesso, una fettina di culo del vecchio proprietario? È un fax, carina, non è mica un montacarichi. Un camion della Traco. No, perché tu prova a infilare la carta d'identità direttamente nel fax, non avendo ovviamente la fotocopiatrice, perché stai in una casa, non nel palazzo dell'ONU. Allora, la infili e... cra cra cra... il simpatico rumorino delle graffette della foto che fresano tranquillamente le testine. Subito dopo al posto della carta di identità ti esce una fisarmonica di Stradella senza più la tua foto sopra perché il fax se la tiene dentro per ricordo. E intanto l'impiegata balenga ti dice: "Il suo fax purtroppo è illeggibile, me ne può mandare un altro?". Amica mia? Ascolta. Tenerona di casa Modena. Te lo scandisco sillaba per sillaba. IL FAX È IL-LEG-GI-BI-LE PER NATURA! Il fax non si legge, si interpreta, come una canzone di Celentano, come PRISENCOLINENSINAINCIUSOL OL RAIT ! Dal fax escono solo lettere che fanno le bave, che colano come gli orologi di Dalí, se mandi una tua foto tessera vieni tutta nera come Obama, se spedisci un disegno ti spuntan fuori quattro macchie storte come nel test di Rorschach. E comunque, gioia suprema, con la dipartita del fax finalmente ci libereremo dallo spernacchiamento. Quell'assolo di pernacchie che sembra messo apposta per pigliarti in giro. Quel prrr... craaaa... frirriii... che ti rade al suolo il timpano e ti pialla i neuroni. Finito per sempre. Manca solo una cosa, per essere felici. Poter firmare sulle e-mail e poi siamo a posto. Bill Gates?! Pianta lì un attimo di fare beneficenza che tanto non sei portato, e inventati qualcosa, un pennino virtuale, un joystick, un trattopen da mouse, qualcosa che firmi sul vetro del computer e vedrai che ti imberti un'altra portaerei di milioni.

La stretta di mano

Non so se c'avete fatto caso anche voi, ma da un po' si sono trasformate le strette di mano. Fino a poco tempo fa nelle presentazioni, "Piacere, piacere mio", capitava spesso di trovarsi tra le mani un'anguilla, una lumaca umida che non dava segni di vita. C'erano quelli che ti porgevano una gelida manina come la Mimì squassata dalla tisi. Una mano praticamente morta, come a dire: "Tienila tu io non so cosa farmene". Toh, tieni 'sto pezzo di polenta di ieri. Prendi 'sto budino appena uscito dal frigo. Da qualche tempo a questa parte però si sta facendo strada la controtendenza. C'è chi, per evitare l'effetto orata tiepida, esagera. Nell'alternativa tra il troppo e il troppo poco non esita e sceglie il troppo. Ti dà una stretta di mano che ti tenaglia le falangi. Si è fatta strada la porca abitudine di prenderti la mano in una morsa e spremertela fino a che le unghie non ti partono come tappi dello spumante. C'è gente che per presentarsi ti gira e accartoccia la mano come se volesse metterci dentro delle caldarroste. Te la stringe a schiaccianoci fino a rendertela cianotica, una mano blu come quella dei Tuareg. Ma perché? La mano non è mica un tubetto di maionese agli sgoccioli che devi fargli uscire i sentimenti! Caro il mio Amedeo Minghia, ti sembra cortese spanarmi le nocche, pigiarmele una contro l'altra come fossero acini d'uva? No, perché se sei donna è ancora peggio. Se hai il brutto vizio di adornarti le falangi con qualche delizioso monile, qualche pregiatissimo anello, o se il destino ha voluto accoppiarti con un'altra metà e possiedi addirittura una fede, se non sgusci via in fretta dalla stretta diabolica le dita te le tritano come nocciole del Piemonte. Ma c'è anche chi è in controtendenza. Gli uomini fascinosi, gli avanzi di galateo, che invece di strizzarti le dita ti fanno il baciamano. Parbleu. Gesto decisamente fuorimoda, con quel tocco di fané, che te lo rende inconsueto ma non certo sgradito. Peccato però. Peccato che invece di baciare la mano ti sfiatino sopra e basta. Ti passino sopra il dorso uno sbuffo di vaporella. Un getto tiepido di condensa. Non ti baciano una beatissima cippa di niente, al contrario. Ti sollevano dolcemente la mano e praticamente la annusano. Io li prenderei a sassate. Li spianerei col batticarne. Cosa annusi cretino? Di cosa vuoi che sappia? Saprà un po' di basilico, ho fatto la caponata, capirai... Ma se fai il baciamano fallo bene! Mi sollevi l'arto e ci appoggi sopra la tua boccuccia di rosa. Invece con te sento solo i peli della tua orribile canappia che mi fanno il solletico! Si vede che baciare la mano a una che non sai dove l'ha messa fino a sei secondi prima gli fa schifo, è per questo che gli stan lontano dieci centimetri! Se posso dire son meglio i cani. I cani la mano non te la stringono e non te la baciano. Te la leccano. Ai cani non facciamo schifo, sono più sinceri. Il mio Alì capace che me la lecca mezz'ora soprattutto quando faccio il ragù di carne. E dire che ci conosciamo da quindici anni.

Riesumèscion

Niente. Van di moda le riesumazioni. È la nuova tendenza. La riesumèscion. Che in termine tecnico si chiama "ricognizione canonica", che praticamente vuol dire "conta del rimasto". Si dissotterra a spron battuto. Si va a sgattare nelle tombe con le vanghe per vedere come butta la faccenda. Ma io dico... a parte la privacy, "riposino in pace" non vale più? Qua è il contrario: si scopran le tombe si levino i morti, come l'Inno di Garibaldi... Non era eterno riposo? Eterno cosa, se poi andiamo a tambussargli i maroni?

Ti dico solo questo: ho sentito l'intervista al monsignore che ha fatto il bilancio di conservazione di Padre Pio. È uscito dalla basilica, e davanti alla folla di fedeli ha detto radioso: "Il mento c'è". Che già lì mi son venuti i brividi fin sotto le piante dei piedi. A parte che, se dici "il mento c'è", a me viene da pensare che manchi parecchio del resto... E poi ha fatto tutto un elenco delle parti conservate, come se facesse un inventario, e questo c'è e quell'altro non c'è... Ma non son mica le figurine! Celo, celo, manca? Poi ha concluso dicendo: "Le mani, a posto, i mezzi guanti ci sono, le unghie, se Padre Pio mi concede, perfette, sembrava appena uscito dalla manicure". Capisci che mi è venuta in mente la Folliero di Retequattro? Ma si può? Ma è una roba da dire? Non è un po' macabra? I devoti non han mica bisogno di questa roba qui... Mio padre e mia madre vanno sempre a Monterotondo e ci credono comunque a Padre Pio, non hanno bisogno di vedere quanto aveva lungo il femore. Spero di non diventare mai santa perché mi scoccerebbe parecchio che, qualche anno dopo che sono schiattata, cominciassero a frugare nella mia bara, e guarda qui che bell'omero, e la tibia c'è.

Adesso stan cercando di mettere a repentaglio la pace eterna di Papa Wojtyla. Che di riposo, visto tutti i viaggi che ha fatto in vita, ne avrebbe un gran bisogno. Lo vogliono in Polonia. Ma non tutto. Tutto sarebbe troppo facile. Vorrebbero solo il cuore. Come han fatto per Chopin. Si può fare, anche perché lo spezzatino di defunto non infrange nessuna legge del cristianesimo. Anzi. È una bella tradizione. Trovare un santo intero è quasi un'impresa. Noi abbiamo a Padova la lingua di Sant'Antonio, il sangue di San Gennaro a Napoli, e un piede di Santa Caterina a Venezia. Ma i santi sono importanti per le loro buone azioni, per la potenza del loro spirito o per i loro organi interni? Mi chiedo: ma se proprio si deve pregare davanti a una cosa non sarebbe meglio spedire a Varsavia un oggetto appartenuto al pontefice, qualcosa a cui era affezionato, che lo rappresenti in maniera significativa? Io propongo il suo trolley. La valigia con le ruote. Anche un simbolo di amore universale e di evangelizzazione. Dico sul serio. Guarda, polvere siamo e polvere ritorneremo, questo è certo. Ecco. Io pregherei che nel lasso di tempo fra una cosa e l'altra non giocassimo ai pacchi di Rai Uno, tutto lì. No, perché se partiamo con la moda delle esumazioni non ne usciamo vivi, se mi si consente il gioco di parole.

Ma l'auto è sempre più blu

Sentite qua. In Belgio una ragazza molto carina, tale Tania Dervaux, si è candidata al Senato. E per la sua campagna elettorale ha avuto un'idea piuttosto originale. Ha fatto i manifesti tutta nuda. Pensa un po'. Da noi non è tanto tradizione. Insomma. Non me li vedo Fassino e Buttiglione posare nudi per la campagna elettorale. Per fortuna. Anche se. Anche se Fassino, guarda... ti dico una cosa. Secondo me è messo bene. I pantografoni come lui anche se sono magri nascondono sempre delle sorprese. Buttiglione no. Ci metterei la mano sul fuoco. Comunque Tania, la candidata, ha promesso una prestazione sessuale a tutti gli uomini che la voteranno. Cinque minuti a testa con obbligo di profilattico. Non posso spiegarvi qui dettagliatamente di che prestazione si tratti. Vi dico solo la parola chiave: Monica Lewinsky. Dovere di cronaca. Se c'è una che per farsi eleggere fa le cose che tengono in mano i benzinai non è colpa mia. Pensa che fila, davanti al Parlamento belga. Daranno il numerino come nei pastifici? Ci sarà gente che fa la coda dalle cinque di mattina? Certo che il Belgio sì che è un Paese civile: i politici sono davvero al servizio del cittadino. Da noi funziona al contrario, siamo noi che oltre a votarli poi quando abbiamo bisogno di qualcosa ci tocca anche... andare personalmente a Montecitorio.

A proposito di Montecitorio. È tornata la polemica sulle auto blu. Le auto blu in Italia sono troppe. Di nuovo. Ma va? Ci saran state almeno tre legislature che han promesso di tagliare le auto blu. Risultato? Negli ultimi tre, quattro anni sono aumentate. Ecco. Si vede che hanno preso delle auto blu per mandare in giro i funzionari a eliminare le auto blu. Posso dire "minchia" o è ancora poco? Si parla di 574.000 auto blu. Che solo per guidarle ci vuole una squadra di autisti grande come la popolazione della provincia di Taranto, e per mantenerle i soldi di una mezza finanziaria. Ma vendetele e andate in taxi. È calcolato che costa meno. Li adoperate anche quelli per fare le vostre boiate, ma almeno quando non li usate noi non li paghiamo! Così risolviamo due problemi in uno. I costi e i tassisti che si lamentano di lavorare poco. Invece no. Adesso c'è stato 'sta specie di decentramento dei poteri e anche gli assessori di Rocca Merdazza di Sopra fanno i galletti Vallespluga, i fighetta, i blagueur, e fanno comprare l'auto blu al comune solo per farsi vedere dalla fidanzata...

Dico un ultimo dato: solo per le sirene, le sirene bitonali montate sui tettucci delle auto blu, quelle che i parlamentari fanno suonare a manetta come se andassero a salvare l'Italia da un golpe e invece devono solo arrivare prima in pizzeria, costano, l'una, più di mille euro. Amici? Sapete dove ve le faremmo bitonare, le sirene? Ecco, indovinato. In quella cosa che ci dovreste dare voi per il nostro voto e che invece ci stantuffate con soddisfazione per tutti i cinque anni che vi abbiamo votato.

Sempre colpa del buco

Che finanziaria. Schioppettante, proprio. Ti dà un po' l'idea che ti abbiano messo quei rotolini di miccette nelle mutande già belli accesi... Pratatatapam pam tran! E tira e molla, e molla e tira e metti il bollo, e togli il bollo... Politici? Volete sapere cosa hanno capito in media gli italiani di tutte le vostre tasse e mica tasse? Una solennissima mazza di niente. C'avete messo una confusione mostruosa in testa. Se tu fermi uno per la strada e gli chiedi cosa ha capito della finanziaria, quello è facile che ti risponda che i suv pagheranno la tassa di successione, agli allevatori che hanno più di 130 cavalli verrà applicata una supertassa e ci saranno incentivi ue per tutte le famiglie che hanno un capofamiglia che va a metano. Questo hanno capito.

Giustificazioni ne avete? Una. Sempre la solita. "Eh, ma la colpa è del buco che c'ha lasciato il governo precedente." Tutti quelli che arrivano a governare dicono la stessa cosa. "Purtroppo c'è 'sto buco, c'è 'sto buco lasciato in eredità dal governo precedente e quindi... non è che si può pretendere..." Allora. Tutti abbiamo ereditato un buco. Anzi. Per essere precisi più d'uno. E ce ne siamo anche fatti una ragione. Non è che viviamo in funzione di essi. Non è che giroliamo confusi di qua e di là a dire "c'ho il buco c'ho il buco..." a lamentarci di dover portare questo fardello. Ce lo teniamo e stop. Però noi che siamo gente terra terra abbiamo anche capito questo. Che i buchi tocca tenerli chiusi e fare in modo che nessuno li allarghi. Fine.

Ora pare che il buco più preoccupante sia quello delle Ferrovie. Dopo il crac dell'Alitalia c'è anche il crac delle Ferrovie. Manca solo la bancarotta delle seggiovie e il patatrac dei traghetti e abbiamo fatto l'en plein. Io non me lo spiego. Siamo nel 2008 e i trasporti hanno ancora delle arretratezze mostruose. Ti dico la più banale. Non siamo ancora riusciti a trovare una regolazione della temperatura negli scompartimenti. Sì. Negli scompartimenti o prendi fuoco o geli. O ti si brinano le orecchie o ti si brasano i piedi. O anche tutte e due le cose contemporaneamente. Il che è alquanto fastidioso. Senza contare che con delle temperature del genere crescono e proliferano le più svariate forme di vita. C'è lo scompartimento che ricrea l'habitat della giungla della Malesia, dove si schiudono le larve delle farfalle giganti e delle vedove nere e tra i sedili crescono gli alberi di banane; e negli scompartimenti dove invece fa un freddo maiale crescono i licheni, le zanzare tibetane e le ninfe dei torrenti di montagna. Sono vent'anni che stanno costruendo l'alta velocità tra Milano e Torino e sembra che la stiano facendo con i Lego, la media è tre centimetri al giorno. Il risultato è che si arriva a quattrocento all'ora fino a Novara, si vomita e si prosegue fino a Milano con un accelerato che impiega seicento ore. L'autostrada nel frattempo è ridotta a una corsia sola con le sponde alte, tipo pista da bob. Da Torino a Milano si fa prima col monopattino. O con lo skate. O, se si vuol far meno fatica, col calesse.

Cacca e vaniglia

C'è una novità che riguarda Paris Hilton. Nel caso ne sentissimo tanto il bisogno. La rampolla megamiliardaria ci ha fatto sapere che ha iniziato una personale dieta a base solo di pollo e di tacchino. Meno male che non mangia le oche se no sarebbe cannibale. Tra l'altro i pennuti non se li procura in loco dal macellaio delle dive che son sicura a Beverly Hills ci sarà. No, li fa arrivare direttamente dall'Italia. Made in Cesena. Li importa e poi li fa nutrire da dei poveri disperati assunti apposta, che li gonfiano di couscous algerino e caviale perché così la carne vien su più dolce. 'Ste pollastre saran furibonde. Il caviale a lungo andare nausea. Il couscous non ne parliamo. Lo dico da gallina. Non so voi ma io quando sento 'ste robe penso sempre: ma uno come il signor Hilton, che ha messo su una catena di megapalazzi e di hotel meravigliosi, uno sforzo in più per non generare una figlia che è un bungalow di cazzate non lo poteva fare? No, perché tutto si può dire ma non che mister Hilton sia un cretino. Gli stupidi non diventano miliardari. E allora com'è che ha tirato su una figlia che è una papera geneticamente modificata? Ma possibile che nella vita della dolce Paris non ci sia qualcuno che quando spara una di queste minchiate le rifila un paio di paterle, di schiaffoni come dio comanda? Una nonna, una zia, una badante americana, quelle coi pantaloni aderenti e il culone gigante, che le tira dei bei cartoni forti sul muso? Certo avrebbero dovuto cominciare la terapia quand'era piccola. Appena la Parisina chiedeva la Barbie d'oro con gli occhi di diamante giù un bel paltò di papagne, vedi che da storta un po' la drizzavi. Vedrai che adesso importerà anche da Londra il nuovo profumo per cani. Sì perché l'altra novità è la seguente. Hanno lanciato sul mercato inglese il primo profumo per cani. Lo indossa Shirley, una basset hound di tre anni ribattezzata la Kate Moss della moda canina. Non vi viene su dal cuore un vaffanculo che ricorda il "vincerò" della *Turandot*? Cosa farà, Shirley? Ne metterà due gocce dietro alle orecchione prima di andare a posare due stronzetti in giardino? Ma cosa c'hanno nella testa gli umani? Tufo? La mimosa e la violetta piacciono a noi che siamo umani, ma i cani di solito amano l'odore della sarda andata a male, della carne spusulenta, dell'urina degli altri cani, adorano annusare il didietro del cane davanti e soprattutto sono felici, *enjoy* in inglese, di rotolarsi nella cacca degli altri animali, siano essi cani, vacche, maiali, lama, gnu e qualsiasi altro animale che deponga in modo consistente. Non vi è mai capitato di veder tornare il vostro cane smaltato di escrementi dalla testa alla coda? Puzzolente come una parure di gamberi lasciati due mesi sotto il sole ma con un sorriso alla Julio Iglesias? Che ti guarda con gli occhi liquidi e felici e sembra che dica: "Bau. Non mi ringraziare se ti ho portato a casa qualcosa di buono, finalmente, bau". Perché per il cane l'odore della cacca è Chanel e a te arriva alle narici come una fucilata. Gli mettiamo su il profumo così poi sa di cacca e vaniglia? Così siam contenti tutti e due?

Il water doppio

Due belle novità. La prima viene dalla Spagna. Sta andando di moda un nuovo intervento di chirurgia estetica per diventare più alti. In cosa consiste? Be', non è che ti fanno due gambe telescopiche a canna da pesca o ti mettono a mollo e poi ti stendono ancora tutto bagnato così ti allunghi come i maglioni. No. Il chirurgo spagnolo, che io chiamerò per comodità José Pirlón, è riuscito a pensare di peggio. Cosa ti fa Pirlón? Ti fa un taglio sul cranio di cinque centimetri e ti infila tra pelle e osso una protesi di silicone. Uno spessore. Un microgradino. Una mezza pedana, un pezzo di torrone, la cima di un panettone, tanto poi la cicatrice scompare sotto ai capelli. Capito il pirlon? Ti alza da sopra. Ti fa il tetto mansardato. Invece di mettere roba sotto ai piedi te la mette sulla testa. Se poi dentro la testa non c'è niente ancora meglio... Praticamente ti imbottisce il cranio. Uno resta nano uguale ma con una capoccia enorme. Tipo Eta Beta. Basso ma col testone da Isola di Pasqua. Homer Simpson coi capelli intorno e la pelata in mezzo, a punta, che sembra un uovo di avvoltoio nel nido. Adesso tu dimmi. Spagna, terra di Picasso e Velázquez. Spagna patria di Ravel, Almodóvar, García Lorca e Buñuel. Anche loro hanno il Pirlón, per fortuna. Uno che ti piazza una mezza boccia sul crapone. Pensa se ti va di sfiga: te la fai mettere a vent'anni perché sei tappo e a quaranta perdi tutti i capelli? Giri poi con una base spaziale in testa... No perché la pelle lì è sottile! Se ridi ti crepi in due come nei film dei mostri e scodelli la gnocca, la spari in orbita come fosse un uovo di *Alien*.

Altra bella invenzione. Questa volta viene dalla Cina. I cinesi sono un casino, un tot randellano i monaci tibetani e gli altri si dannano l'anima per inventare boiate. Allora la grande invenzione è la seguente. Un water doppio che si chiama *Two da loo* dove lui e lei possono evacuare insieme. Io la trovo un'idea così romantica... Fare la cacca in stereo. Defecare in tandem. Magari a lume di candela con il sottofondo di son et lumière che produci tu stesso. Loro dicono proprio che è anche una strategia per salvare la coppia. Eh certo. Se due sono in crisi la risolvono evacuando insieme. Il miglior modo. "Amore... sono sei mesi che non defechiamo insieme, c'è qualcosa che non va nel nostro rapporto?" Ma io dico: l'unico momento di intimità era quello. Dove si stava soli al calar della sera. Dove pensavi ai massimi sistemi mentre facevi funzionare il sistema principale. Dove meditando sentivi cinguettare un usignolo ma forse era solo l'asse che cigolava. Il momento della resa dei conti, dove restituivi al pianeta Terra ciò che avevi preso in prestito la sera prima, e adesso devi fare il ballarò? Il porta a porta col tuo amato consorte? Facciamo anche magari la carta igienica come lo spaghetto che mangia il Vagabondo quando va a cena con Lilly? Si usa lo stesso rotolo in due fino a che i culi si baciano? Ma i cinesi, siamo sicuri che si siano incamminati sulla buona strada? Adesso glielo scrivo in un biglietto e lo infilo in un involtino primavera.

Far l'amore con l'aspirapolvere

Roba da non crederci. A Londra è stato licenziato un operaio polacco perché beccato sul posto di lavoro a far l'amore con un aspirapolvere. Sì. Con l'aspirapolvere. Adesso con esattezza non saprei dirvi i particolari. Cioè se l'aspirapolvere avesse un ruolo attivo o passivo, se il tubo fungesse da anomalo pertugio o da gagliardo sperone. Su YouTube circolano i video di qualsiasi cosa, purtroppo mancava quello. Speriamo almeno che Vespa ci faccia su una puntata speciale. Col plastico dell'aspirapolvere e Crepet che spiega che il motivo è perché non c'è dialogo. Ma ci pensi? Se arrivi a cacciare il walter dentro a un aspirapolvere sei messo ben male. Metti che sia uno di quelli potentissimi. Te lo scoperchia come un tetto durante un tornado! Ma è come tenere un gallo per i piedi e metterlo nella gabbia delle tigri! Il bello è che l'uomo, fermato, si è difeso dicendo che si stava spolverando le mutande. A domanda ha risposto: "Noi in Polonia facciamo così. Quando abbiamo le mutande molto impolverate per non star lì a lavarle... le aspiriamo...". Sì, e nui suma tuti ciula, ha risposto il suo capo. Naturalmente in inglese. Una classica tradizione popolare polacca quella della mutanda aspirata.

Va be', far l'amore con cose strane non è una novità. Un simpatico signore scozzese, tale Robert Steward, è stato condannato per essere stato beccato durante un amplesso sessuale con la propria bicicletta. Robert era ospite di un albergo sulla costa occidentale della Scozia, ed è stato sorpreso da due cameriere mentre faceva l'amore con la sua bici. Roba da mat. I tedeschi sono cannibali, gli scozzesi se la fanno con le bici... e poi han da dire ai sardi? Non so. Forse l'amico Robert si sarà detto: "Con una donna, quanti rapporti posso avere? Due, tre al massimo... Sono scozzese ma sono mica pirla. Una Shimano ne ha ventiquattro!". Comunque io mi chiedo. Come fai a fare l'amore con una bici?! Te la porti a letto e le dici paroline d'amore del tipo: "Tesoro che bella catena, il tuo manubrio mi fa impazzire... dài che ti faccio girare la dinamo... piantami il cavalletto nello sterno... "? Le avrà baciato i freni sventolando il kilt? E dopo l'amore l'avrà appesa in garage? Chissà. Ma soprattutto il mio pensiero è: ma se uno fa l'amore con una bici, con la moglie che ci fa? Le mette un campanello sul naso, due pedali tra le chiappe e dopo aver dato una controllatina alle gomme va a farsi un giro al parco?

Ultimamente ne han beccato un altro. L'hanno trovato mentre copulava con l'asfalto. Sì. Aveva fatto un buco per terra e trapanava senza martello pneumatico. Tra l'altro uno così se lo metti a fare dei lavori di manutenzione risparmi e non inquina. Ed è pure silenzioso. Non fa nemmeno quel rumorazzo scuotinervi tratatatatatan... come i martelli pneumatici. Uno così va bene per fare le tracce dei fili del telefono davanti agli ospedali. Si mette lì, col suo pistolino... gnic gnic gnic... e via. Il punto però è un altro. Come mai si trovano sempre più spesso degli uomini che fanno l'amore con qualsiasi cosa che non sia una donna? Vi abbiamo rotto un po' troppo i maroni forse? Abbiamo forse esagerato? No perché inzufolarsi aspirapolvere, tostapane e vaporelle è un segnale di qualcosa che sta cambiando. Voglio dire, siamo cadute molto in basso se io adesso devo mettermi a spiegare come sia tanto meglio farlo con una donna. Comunque. Per dovere e per servizio pubblico elencherò le ragioni per cui con una donna è meglio. Intanto: l'aspirapolvere non ha le tette a cui attaccarsi e se ribaltato può darti la scossa. La donna no. Secundis noi siamo a temperatura costante, mentre l'asfalto lo puoi trovare gelato o bollente. E son già due cose. Terzo, per dire. La bici se ci traffichi sopra ti parte da sotto. La donna no. Sta ferma. Immobile. C'è caso che a volte persino si addormenti. Una garanzia di stabilità niente male.

La pillola di Mister Magoo

In Spagna, come sappiamo, le ministre son più dei ministri. L'avete vista la ministra della Difesa spagnola incinta in visita alle truppe militari in Afghanistan? Fantastica. Eppure tutti a dire: "Eh, ma incinta di sette mesi, farsi un viaggio fin laggiù... era proprio il caso?". Sì. Perché? È incinta, è mica in fin di vita! È incinta, e come tutte le donne incinte è abituata a lavorare. Siete voi, voi maschi che se vi si stacca una crosta nel naso andate al pronto soccorso! Che se avete un po' di mal di testa vi impanate con l'Aulin, che lo usate per qualsiasi cosa, dalla puntura di zanzara alle emorroidi. Poi per forza vi viene mal di stomaco, e allora avanti col Malox. Malox e Aulin, Aulin e Malox, che finisce che se annusi l'ascella a un uomo non sa più di selva nera, sa di farmacia. Avete la soglia di sofferenza talmente bassa che se picchiate il gomito contro lo spigolo non sentite la scossa, cadete fulminati. Dov'è il maschio che, se si taglia un braccio, se lo riattacca da solo coi ganci del portapacchi!? Solo nei film! È che la donna purtroppo è ancora considerata un oggetto non bene identificato. Prova ne sia la nuova invenzione destinata appunto alla femmina: la pillola di Biancaneve. Una pastiglietta miracolosa che ci fa tornare il frisson, il baticoeur, il desiderio che ci è calato vertiginosamente e da un po' facciamo l'amore sbadigliando. Pare che ci siano donne che piuttosto che far l'amore col proprio compagno preferirebbero scalare il Monviso in infradito, e altre che pur di non farla cadere nelle mani del marito se la sono ingoiata come nei film di spionaggio. D'altronde scusa. Dài e dài, la minestra è sempre quella, e dopo dodicimila piatti vorresti almeno uno spiedino di gamberi. Certo che ultimamente ci danno pastiglie per qualsiasi cosa. Ce ne danno per non rimanere incinte, per rimanere incinte, per farci venire voglia, per farcela passare, abbiamo la pastiglia del giorno prima, del giorno dopo e adesso avremo anche la pastiglia del "durante". Ma la supposta per farsi furbi, agli uomini, no? La verità è che non ci manca il desiderio del walter, quello che non desideriamo più è il portawalter. Il supporto. Sai cosa dovete fare per riaccenderci il desiderio? Inventare una pastiglia che ci renda orbe. Così non vi vediamo più mentre fate le vostre boiate. Quando in cucina vi piegate elegantemente di lato per espellere il gas in esubero. Vogliamo una pillola che ci impedisca di vedere quando finita la doccia appallottolate l'asciugamano fradicio e lo sparate dietro la tazza, o quando dopo cena bevete il Fernet, vi tuonate, e spaccate le noci con la fronte e vi restano tutti i pezzettini di guscio piantati sulle sopracciglia. Una pillola magica che così non vi vediamo mentre ballate nudi davanti allo specchio per scoprire se caso mai ondulando sul davanti vi arriva all'ombelico! Non vogliamo la pillola di Biancaneve. Vogliamo la pillola di Mister Magoo.

La profia palpeggiata

È successo di nuovo. 'Sti ragazzi a scuola filmano più dei fratelli Vanzina. L'ultimo capolavoro è un video girato in una scuola del Sud dove un gruppo di studenti pirla delle superiori si sono filmati mentre palpeggiano il fondoschiena della loro professoressa di matematica. E adesso la prof è nelle grane. Pare che vogliano denunciarla per corruzione di minore. Pensa te. Ma non è mica lei che ha corrotto, piuttosto ha subito, poveretta. Lei si è difesa dicendo che non si è accorta di nulla. Possibile? È possibile che uno ti infili una mano nelle mutande e tu non te ne accorga? Se non sei in catalessi, intendo dire. Cosa pensava che fosse quella roba caldina fornita di dita che si è ritrovata sul sedere? Un polpo forse? Ha detto che i primi rimestamenti erano finti e solo l'ultima smanacciata era quella vera. Certo. Peccato che abbia reagito coi riflessi di un bradipo. Ha preso la mano del ragazzo e l'ha spostata dolcemente, con quel modo automatico e tranquillo che si usa quando si mandano via le mosche. Non so voi ma se uno mi appoggia una mano proprio lì salto via come una trappola per topi. E poi. Ora, non per fare dell'antifemminismo gratuito, ma una cosa mi chiedo: ma 'sta profia come andava vestita a scuola? Tra l'altro in una classe delle superiori dove i maschi sono nel pieno delle tempeste ormonali? Ma neanche Aida Yespica al Bagaglino. Jeans a vita bassa e tanga fatto col filo del telefono. Proprio così. Perpendicolare. Forse per insegnare meglio l'angolo retto. O sperimentare le classiche due sfere e una retta che le attraversa. Vèstiti così in tutti gli altri momenti della tua vita ma non a scuola. Gira pure nuda per strada leggendo il *Decamerone* o ripetendo a memoria il teorema di Pitagora, ma a scuola no. A scuola, dammi retta, è meglio coprire le chiappe. Sarà che le donne italiane ultimamente son più disinibite. Da un'inchiesta recente risulta che il 59 per cento delle donne italiane fa l'amore una o due volte alla settimana. Naturalmente le statistiche son statistiche. Magari la tua vicina di casa lo fa tutte le sere e tu una volta al quadrimestre quando si danno le pagelle. Secondo me non è che noi siamo diventate di colpo più mandrille, semplicemente abbiamo trovato il modo di farglielo capire a 'sti bradipi slandronati dei nostri maschi. Perché non è mica semplice decifrare i segnali sessuali che ti manda il partner. Per gli animali è diverso. Ai macachi viene il culo rosso e fanno sgnuf sgnuf, i piccioni si gonfiano, girano su se stessi e fanno prrrciccccoooooccò, le gatte berciano come soprane stonate. Se tuo marito si mette a miagolare e a far pipì negli angoli lo prendi e lo porti alla neuro. Mandarsi segnali tra esseri umani è più complicato. E poi non è che tutte le sere hai voglia di saltarti sulle piume come facevi all'inizio. Però le donne italiane, che son molto sveglie, han trovato due soluzioni. La prima, fissare un giorno preciso alla settimana tipo: "Giovedì gnocchi, sabato gnocca". La seconda, se si preferisce improvvisare, spegnere la TV. Per poi farsi dire dal marito: "Amore, i pacchi di Insinna non mi interessano. A te interessa magari il mio?".

La televisione del muco

Questa proprio non mi va giù. Non tollero tutte 'ste polemiche sul lato B. Vi ricordate a *Miss Italia*? Tutti si son scandalizzati perché uno della giuria ha chiesto di vedere le ragazze anche da dietro. Apriti cielo. Nooo, è offensivo, le ragazze sono considerate come degli oggetti. Ma non è mica vero. Di un oggetto tu non guardi come è fatto dietro. Chi va mai a vedere com'è fatta una sveglia da dietro? Però se una bella ragazza si gira, un'occhiata gliela dai... Nessuno va a vedere il dietro di un televisore, anzi. Tant'è che ce lo compriamo addirittura piatto. Ma un sedere se è piatto non lo degniamo neanche di uno sguardo. Qualcuno mi spieghi perché farsi giudicare in base alle tette e allo stacco di coscia è politicamente corretto e in base alle chiappe no. Io capirei se facessero spogliare le studentesse ai test di medicina, ma a *Miss Italia* è piuttosto prevedibile. Se ti iscrivi a *Miss Italia* non è che puoi cadere dal pero. Cosa ti aspetti, che ti facciano i test per vedere il tuo QI? Eh, no mia cara... son tutti lì per valutare il tuo CU. Poveretto anche lui. Io non capisco perché dobbiamo disprezzare il fondoschiena in questo modo. Il culo serve. Diciamolo. Come faremmo ad andare in bici se no? Senza sedere come farebbe a starti la canottiera nei calzoni? E le iniezioni dove le faresti? E le supposte? E poi col retrotreno si fanno un sacco di cose. I ragazzi lo adoperano in spiaggia per fare le piste per le biglie e io lo adopero per chiudere il frigo quando ho le mani occupate. E poi, tornando a *Miss Italia*. È un concorso di bellezza e quindi quel che conta è la bellezza. Non se sei una ragazza semplice o no. Io 'sta storia della ragazza semplice non la reggo più. "Io sono una ragazza molto semplice... " E chissenefrega... Perché essere una ragazza semplice deve essere per forza un pregio? Io vorrei sentire una volta una che dica: "Io sono una ragazza complicata, sono un cubo di Rubik con le tette, sono una tigna, una lagna e una rugna però tutti me lo perdonano perché sono una gnocca da levare il fiato".

Ma si sa che la televisione è quella roba lì. Vogliamo parlare del sabato sera? Ormai è una gara a chi fa piangere di più. Siamo in una valle di lacrime. Questa non è più la televisione del dolore. È la televisione del muco. La TV del moccio. Sì perché quello che salta agli occhi a quelli aridi come me è la quantità imbarazzante di muco che un essere umano è in grado di produrre. Roba da studiare se ci sia un modo per sfruttarlo come nuova fonte di energia alternativa. Non se ne può più di veder gente che si asciuga il naso sulla manica del cardigan. Suoceri con la scia di lumaca sui baffi. Tutti umidi come la trippa in brodo che si apre la busta e tuuu arriva il treno e si abbracciano inzaccherando la cognata cornuta o il fratello finocchio. Facciamo migliaia di trasmissioni dove le telepromozioni non c'entrano una mazza e adesso che c'è l'occasione ce la perdiamo? Mettiamo le fazzolettine? Che a un certo punto entrano con uno stacchetto e soffiano il naso a tutti. Se funziona c'è poi caso che le fazzolettine entrino col rotolo di carta igienica anche per i dibattiti che fan...

Le centrifughe dell'Iran

In barba a tutte le proibizioni dell'onu, l'Iran ha deciso di installare cinquantamila centrifughe. Io subito ho pensato: cosa se ne fanno delle centrifughe, che col caldo che fa da quelle parti la roba asciuga subito? Poi ho letto tutto l'articolo senza saltare le righe e ho capito che le centrifughe sono per l'arricchimento dell'uranio, quella roba che serve per generare energia nucleare e far funzionare le armi nucleari, appunto. Ma non solo. L'Iran oltre alle sue belle centrifughe farà costruire anche due nuove centrali nucleari. E da chi? Indovinate un po'? Da personale russo. Ah, fan bene. I russi dan tanta sicurezza. Guarda Chernobyl. Lì coprivano la fuga radioattiva con la paletta e la segatura. Dopo Chernobyl francamente io speravo che i russi si dedicassero solo alla costruzione di balalaike e alla distillazione della vodka, invece guarda un po': vanno in Iran a fare due centrali nuove. Per cui il presidente Ahmadinejad, quello che ha un nome che sembra un lamento e la faccia da prete che si fa le lampade, ha confermato. Centrifughe e centrali. Io lo trovo bello. È bello perché appena l'onu dice di non fare una roba si dan tutti da farissimo per farla lo stesso. Avete notato anche voi? È una certezza. Se l'onu proibisce qualcosa è un fiorire di gente che se ne batte le balle. Fateci caso. Se vuoi essere sicuro che nel mondo ci sia qualcuno che si intigna a fare una cosa sbagliata basta che la fai proibire dall'ONU. Ogni Paese prima di fare una canagliata qualsiasi controlla. "Scusa è proibita dall'ONU? Benissimo. Allora la faccio." Sapete cosa pensavo l'altro giorno? Basterebbe che l'ONU invece che proibire le cose pericolose ed eticamente riprovevoli dicesse "bravi, complimenti" e secondo me tutto filerebbe liscio. "Vuoi mettere cinquantamila centrifughe atomiche? Sai che è una bellissima idea? Dài. Metà te le pago io. Infibuli le donne? Fantastico. Ti mandiamo noi ago e filo. Vuoi invadere uno stato confinante ma non hai i mezzi? Non ti preoccupare. Ti mando dei torpedoni." Vedrai che di colpo non gliene frega più niente a nessuno. Eppure ce ne sarebbero, Ahmadinejad, di modi più interessanti per spendere 'sti soldi. Le do del lei perché così tengo meglio le distanze. Non ha visto che brutto effetto che fa, ai paesi che già ce l'hanno, la bomba atomica? Ha presente Bush, che se poteva si metteva a invadere anche Venere e Marte? Ha presente i russi, che son pieni di missili ma la gente vive di patate e di mele rattrappite? Dia retta a me. Se vuole spendere tutti i suoi soldi in una roba che non ha nulla di umanitario pazienza. Lo faccia. Si tolga 'sta fissa. Si compri un anello da mignolo con un rubino grosso come un peperone di Carmagnola. Vada coi trans. Qua in Italia va molto di moda. Si sputtani tutto quanto al casinò, faccia come Totti e Gattuso, ordini diecimila pizze a Napoli e se le faccia consegnare tutte calde a Teheran. Se vuole proprio buttar via tutti questi soldi, si compri l'Alitalia e poi la faccia amministrare da uno bravo, si chiama Cimoli. Se lo segni: "Cimoli", e vedrà che roba.

Pizzini e santini

Colpo di scena. Hanno pubblicato tutto quello che c'era nel covo di Provenzano. E tutti si sono stupiti che non vivesse solo di cicoria e pecorino scrivendo pizzini. L'han chiamata la prigione dorata. Il beauty center di Bernardo. Ma quando mai. C'era un bagnoschiuma, borotalco, dentrificio, carta igienica, caramelle, biscotti... Niente di strano, mi pare. Ma il grande stupore sono stati i sette maglioni di cachemire. Adesso, non per giustificarlo, ma vuoi che con tutti quei soldi non si potesse permettere qualche sfizio? Già doveva stare chiuso in una tana tutto il giorno, almeno comprarsi due pullover. Però a me quello che ha sconvolto di più non sono mica le maglie di cachemire, sono i santini. Provenzano teneva nel suo nascondiglio ben ottantanove santini, una Bibbia e una bottiglia di acqua benedetta. Mi turba di più la bottiglietta di acqua benedetta che non quella del sanbittèr. O mi sbaglio? Infatti volevo chiedere una cosa. Agli uomini di Chiesa. Se potessero, con comodo, magari in uno di quei giorni morti in cui non c'è nessuna festività che porti via del tempo, scomunicare un mafioso. Uno solo. Così. Giusto per provare come viene. E se si potessero sbattere un po' di più anche per cancellare dalla faccia della Terra la pena di morte. Perché nessuno urla che la pena di morte fa schifo? Che anche se il tipo che penzola dalla corda è un bastardo la sola cosa che tocca fare è mettergli una sedia sotto i piedi e farlo respirare. Invece mi sembra che la Chiesa si scaldi più a favore della pena di vita che contro la pena di morte. E invece si ostina con 'sta storia dei PACS. No ai PACS, no al testamento biologico, no alle staminali, no al muro contro muro fra maggioranza e opposizione... un no continuo. Parliamo seriamente. Voi siete i pastori. Noi le pecorelle. Io una caprona. È giusto che il pastore guidi le pecorelle, ma sempre e solo a bastonate? Sempre divieti, dogmi, regole e imposizioni? Ma usate anche un poco la carota. Noi abbiamo bisogno anche della carota del perdono, dell'accoglienza, dell'amore... Abbiamo bisogno di un sorriso, di una buona parola, di qualcuno che ogni tanto ci tiri su il morale, di qualcuno che ci perdoni come ha fatto Gesù con la Maddalena che era peccatrice e che se ci fosse stata lì Luxuria avrebbe perdonato anche lei. A noi, farebbe anche piacere che i preti, almeno ogni tanto, parlassero di anima, di spirito, di cose trascendenti, insomma, e non sempre e solo di PACS e di sesso, sesso, sesso... Non è che noi pensiamo a quello tutto il giorno. Noi non esistiamo solo dalla cintola in giù. Occupatevi di noi anche dalla cintola in su. Insegnateci di nuovo a guardare in alto. Che noi guardiamo il cielo solo per vedere se piove. Non vedete che la gente non sa più come fare? Siete voi che dovete parlare alla nostra parte spirituale. Sennò per noi lo spirito rimane solo quella roba in cui si mettono a bagno le amarene.

Seta ultra

Niente. Che destino beffardo e crudele. Anni che faccio questo mestiere e vigliacco se una volta mi sia capitato di incrociare George Clooney. Ma mai. L'ho mancato persino da Fazio. E dire che lo sapevo due mesi prima che sarebbe venuto ospite. E per sessanta giorni tutte le mattine ho fatto i piegamenti sui seni per fortificarli, ho portato il culo dall'estetista quasi tutti i giorni che volevo quasi chiedere se me lo tenevano lì che facevo prima, ho persino chiesto a Gae Aulenti di ridisegnarmi le sopracciglia e ristrutturarmi l'interno cosce e Fazio? Quell'anomalia ambulante? Quello struzzo peloso cosa ha fatto? L'ha invitato alla puntata del sabato. Se ci penso mi vien voglia di andare a lavorare con Carlo Conti che son sicura mi tratterebbe coi guanti bianchi. O con Mirabella a *Elisir*. A tenere una prostata in mano quando la spiega. Io davanti a George mi sarei comportata benissimo. Mi sarei seduta davanti a lui con le gambe accavallate come Sharon Stone in *Basic Instinct*. Solo che invece di non mettere le mutande mi nascondevo un coniglio vivo sotto la gonna, con le orecchie che uscivano a imbuto, così lui rideva e diventavamo amici. Poi gli avrei scianfrugnato un po' la moquette del petto, e dopo alé, giù ai piani di sotto, senza rete come l'Italia di Bearzot nei Mondiali dell'82, senza nessuna speranza di vincere ma con tanta voglia di fare bene. Comunque George è anche un buon

127

attore. Mi fa impazzire la faccia che fa quando quella stacca con la spada le balle al toro per mettergli il ghiaccio nel Martini. Una faccia da Oscar. Dove li trovi dei maschi così? Il maschio comune avrebbe fatto: "No, no no, no... basta basta...". Più adatto sicuro nella parte del toro con la moglie che gli fa saltare gli amici di maria con la stecca da biliardo. Comunque che pubblicità sexy... Altro che quella nuova degli assorbenti Seta ultra. L'avete vista? Non posso proprio tacere, la mia etica professionale me lo impone. Nella nuova pubblicità di assorbenti femminili c'è una ragazza che va a fare il provino come VJ. Parentesi Wikipedia: per quelli che cascano dal banano la veejay è una specie di deejay che invece di mixare dischi, presenta alla TV e mixa video musicali. Nel provino le fanno fare un mucchio di cose. Cantare, ballare, recitare... E poi a un certo punto: tragedia. Le chiedono di fare la ruota. E lei che per altro non è un pavone pensa ad alta voce: "Oh no... proprio oggi che mi sono arrivate...". Poi ci riflette su un attimo e raggiante dice: "Ma non c'è problema, con i miei assorbenti fichissimi posso fare tutto". Claim: "Affronta sicura le occasioni della vita". Ecco. Una cosa voglio dire. Ma per fare la VJ devi fare la ruota? Solo per sapere. Capisco a un provino per entrare al circo di Mosca, all'esame per essere ammessi alle Olimpiadi, anche per fare la majorette, ma per presentare dei dischi in televisione? E poi che avrà mai 'sta poveretta? Il ciclo di una giumenta? È una girandola per l'irrigazione? Ma cosa pensano 'sti pubblicitari, che siamo dei fiaschi? Che se in quei giorni ci capovolgi diamo il giro? Appello. È possibile far inventare e successivamente sceneggiare gli spot degli assorbenti a delle donne? Le vogliamo qui le quote rosa, guarda un po'.

Che puzzetta!

Non bastava. E no che non bastava, non bastava. La pubblicità delle gomme da masticare col tipo che in motoretta inghiotte un piccione era troppo poco. Ci voleva anche lo scoiattolo. Io non vorrei parlare di certe cose però mi ci tirano per i capelli. Non posso proprio sottrarmi. La mia lingua non può che battere dove il dente duole. Allora. Qualche tempo fa la TV ci ha scodellato un nuovo gioiello pubblicitario. Un nuovissimo spot a cartone animato di una nota marca di gomme da masticare, in cui il protagonista, un delizioso scoiattolo, per sedare un incendio scoreggia. Il bosco prende fuoco, fiamme ovunque, gli animali non sanno cosa fare, panico e disperazione, quando a un tratto uno scoiattolo meraviglioso, l'erede moderno di Cip e Ciop, si mette in bocca una gomma da masticare poi alza la coda e prannnn!!! Spegne l'incendio congelando il bosco. Brina il bosco in fiamme, scusatemi la crudité, con un petardone. Salva il bosco con una puzzetta. Permettetemi di insistere ma voglio che ci si renda ben bene conto. Ora. Alcune considerazioni. La prima. Logica. Posso io accostare un peto all'estinguersi di un incendio? Per logica no. Tutti sanno che la fisiologica puzzetta è una minuscola scarica di gas. I maschi bête passano l'adolescenza ad accendersi il didietro dei jeans con l'accendino. Se per assurdo un pompiere provasse a mettere in pratica questo sistema prenderebbe fuoco come un brichet. Le puzzette sono infiammabili, questo è certo, non c'è gusto alla menta che le possa far diventare ignifughe. In più, per fugare ogni dubbio, 'sto benedetto scoiattolo, com'è naturale che sia, la gomma alla menta la mastica con la bocca, non la introduce derrière come una supposta. Quindi non ci siamo. Poi: secondo. Parliamo dei pubblicitari. Di tutti quelli che hanno partecipato alla realizzazione dello spot. Io ne ho fatta di pubblicità e so che cura, che attenzione, che minuzia, quanti vagli, quanti esami deve passare un'idea pubblicitaria per essere realizzata... è un lavoro di almeno due mesi. Bene. In questo caso per due mesi circa dieci o venti persone, ideatori, copy, disegnatori, sonorizzatori, e soprattutto clienti sono stati a discutere di un... peto! Di quanto doveva essere lungo! Di che rumore doveva fare, di quanto si doveva alzare la coda dello scoiattolo e di che faccia doveva fare durante l'"assolo". Io già me li vedo i copy dell'agenzia. Per convincere il cliente devono avergli detto: "Guardi, mi creda signor cliente, l'idea dello scoiattolo che scoreggia è vincente. Di gran lunga superiore all'idea della giraffa che rutta. La puzzetta è l'ideale, per la gomma da masticare". Poi il disegnatore si sarà spaccato la testa a pensare che faccia doveva fare uno scoiattolo che spetarda. E infine il sonorizzatore avrà chiamato il cliente per dirgli: "Venga! Venga a sentire, dottore!!! Senta il rumore se va bene? Pronnnnn!". "Troppo corta, avrà detto il cliente. Falla più lunga." Trann! "Così va bene?" "Non mi convince ancora. Forse a tre tempi è meglio." Tran traaan traaaannn. "Perfetta. Giusta così. Stampala."

Mariti fritti

Alcune belle notizie. La prima. È tornata l'aviaria e dai polli è passata ai tacchini. In Inghilterra ne hanno abbattuti centosessantamila. Appello a tutti i nostri giornalisti dei TG: Cari miei, sbrigatevi a mangiare in diretta la coscia di tacchino perché se l'aviaria arriva anche agli struzzi poi se non hai un po' di maionese non ce la fai.

Andiamo avanti. Seconda notizia. Allora: in Bulgaria trasmettono i video porno alle fermate dei tram. Così. Un simpatico passatempo per chi sta lì ad aspettare il pullman. Io lo trovo giusto. Con qualsiasi altro genere di film la gente alla fermata stava lì a vedere come andava a finire, invece con i porno può salire, scendere, senza perdere mai il filo. Il porno è comodo, perché è un film che puoi prendere da qualsiasi parte. Ecco forse non è l'espressione giusta magari, ma il senso si è capito.

Terza notizia. In Australia han catturato un rospo gigante che pesa un chilo. Ho visto le foto. Sembra Prodi senza vestiti. Oltretutto non si trova uno straccio di principessa disposta a baciarlo anche perché c'è il rischio che da un rospo di un chilo invece di un principe azzurro venga fuori Galeazzi. 'Sti australiani poi la fan sempre grossa. Cosa ci vuole a catturare un rospo di un chilo? Quando ti vede arrivare al massimo salta. Ma un rospo di un chilo non sarà mica Sara Simeoni? Quando ha visto gli australiani che stavano per prenderlo... avrà detto: "Cra cra, io scappo". E pic, sarà saltato due centimetri più in là. Ecco uno degli svantaggi di essere in sovrappeso.

Ultima notizia. Una donna in Brasile ha ucciso il marito e poi l'ha fritto. Adesso è in galera. Poveretta. No, perché io la capisco... Io la capisco perché delle volte i maschi se le tirano proprio. Ci fanno venire le vene del collo spesse come i tiranti delle mantovane, la mandibola a mordacchia, gli occhi rossi e sporgenti come cachi maturi e il naso che spara vapore. Chissà quante volte la povera moglie glielo avrà detto: "Tesoro mio, se torni ancora una volta a casa alle due di notte ciucco come una biglia sei fritto". Ecco. Detto fatto. È stata di parola. Ma c'è una cosa che non capisco. Va bene ucciderlo... ci mancherebbe, avrà avuto le sue belle ragioni, ma friggerlo? Già dividerlo in cento pezzi non deve essere stata una passeggiata. Una dadolata di marito comporta già un bell'impegno. Tagliere di misura adeguata, mezzaluna gigantesca, zuppiere come se piovesse. Poi ha preso 'sti benedetti cento pezzi e li ha bolliti tutti. Pensa te... ettolitri ed ettolitri di brodo, da far risotti per una vita... E dopo la bollitura li ha fritti. Hai idea? La quantità di pastella? Tonnellate. Scodelle e scodelle. E quanto dovrà essere stata grossa la padella? Quanto ci vuole a friggere un marito in una padella normale? Calcolando quattro o cinque pezzi per volta ci saranno volute più di venti padellate. Secondo me era meglio se lo metteva sott'olio. O al limite lo faceva caramellato. Io, il mio, lo farei al vapore, che sgrassa un po'. Per fare più in fretta, se il destino ti ha regalato un bel manzo sano, puoi farlo crudo, all'albese, con le scaglie di parmigiano... Per Pasqua come ricetta è l'ideale.

Il botulino ai piedi

Una bella notizia gossip che riguarda la Sharonstona, la grande attrice che purtroppo resterà famosa per aver fatto vedere la jolanda a Michael Douglas. Cosa ha fatto questa gnocca cinquantenne? Ha fatto fare le iniezioni di botulino ai piedi del figlio perché non puzzassero. Suo marito da cui è separata l'ha saputo, son finiti dall'avvocato e alé.

Iniezioni di botulino nei piedi del figlio perché non odorino. Io capisco che Sharon a casa sua avrà barattoli di botulino come se piovesse, ce li avrà in dispensa al posto della passata di pomodoro. Ma Sharon?! A cinquant'anni dovresti saperlo che i piedi dei maschi sono velenosi, che sono una demoniaca presenza perché son fatti della materia vivente di cui era fatto Alien. Un piede che anche al buio lo trovi subito è una cosa da maschio. Il piede del maschio è un'arma di distruzione di massa, è uno dei motivi di invecchiamento precoce per le donne sposate. Basta una sola scarpa da tennis per mandare una tanfa infernale che ti si posa addosso come un sudario e dalla quale esci viva solo se hai imparato la respirazione da parto, respiri brevi e veloci che impediscono all'odore di penetrare bene nei bronchi. Anche il mio boy manda un odore di piede che niente ha di umano, quando si leva i calzini mi arriva una tromba d'aria malarica che mi ingiallisce le cornee, ma... il botulino, Sharon? Ma hai provato, prima del botulino, semplicemente a lavarglieli, i piedi a tuo figlio? Oltretutto a fargli il botulino dito per dito ci metti molto di più che a insaponarglieli. Lavaglieli con la varechina piuttosto. Compragli un paio di scarpe da ginnastica al giorno. Ma fargli il botulino, come ti viene in mente? Meno male che suo figlio non fa le puzzette, altrimenti cosa avrebbe fatto Sharon? Gli avrebbe fatto cementare il bosone?

I turisti rapiti

Alla fine sono stati liberati i turisti italiani rapiti nel deserto. Per fortuna. Allora, visto che tutto è bene quel che finisce bene... posso dire una roba? Vogliamo cortesemente piantarla di andare in giro per il mondo a rischiare la pelle? La vogliamo smettere di imbertarci nelle zone tignose dove c'è rischio grosso che qualcuno ci bastoni e ci sequestri che poi la Farnesina diventa matta? No, perché ogni estate c'è qualche pirla che, non per scopi umanitari ma perché la vacanza a Punta Ala o a Spotorno gli fa schifo, va a mettersi nei casini e poi bisogna andare a prenderlo per la pelle del sedere. Perché ci sono quelli che se non mangiano le frittelle di miglio impastate con l'orina di cammello non è vacanza. 'St'estate ogni due per tre c'era qualcuno da andare a recuperare con l'elicottero. No, io capisco l'alpinismo. E lo rispetto per carità. Ma se una montagna la chiamano "la montagna maledetta", ci sarà un motivo? Se no la chiamavano "la cima del Bengodi". Se gli sherpa, che un po' se ne intendono, la chiamano "la mangiauomini" ci sarà una ragione? E allora proprio lì devi andare? Senza contare i balenghi che nella vita normale non camminano mai, che piuttosto che far due isolati a piedi prendono il suv, e poi d'estate scalano l'Everest. Poi rimangono incagnati là dove volano le aquile e bisogna andare ad arpionarli su per i bricchi. Sull'Everest c'è la coda come alle casse dell'Auchan. E poi la cosa che mi fa più incazzare è che non ce n'è uno che chieda scusa. Ma mai. Uno che dica: "Scusate, ho fatto una cazzata... mi dispiace un casino". Ma neanche per sogno. Anzi. Sono ancora lì col giaccone del soccorritore sulle spalle che già ti dicono: "Non vedo l'ora di ripartire per il deserto delle pietre laviche dello Yemen del nord". Allora vai. Guarda. Vai pure. Però stavolta ti lasciamo là sai amore? Altrimenti ci lasci una caparra di due milioni di dollari. "Eh, ma la Farnesina non ci ha detto che quel posto era proprio pericoloso..." MA NON VI HA NEAN-CHE DETTO DI ANDARCI SPARATI COME SILURI CHE MANDA-VA POI UN ANIMATORE LA SERA A FARE IL GIOCA JOUER! Ma scusami eh? Vuoi rischiare la pelle? Fantastico. È una scelta tua, non rompi i maroni a noi. Fai una roba però. Buttati di testa da uno scoglio di Bergeggi. Scala i Faraglioni di Capri in mocassini, fai bungee jumping dalla torre di Pisa senza l'elastico, scendi con una bici senza freni dal Monviso o pesca gli squali dell'acquario di Genova mettendo per esca il culo, ma così almeno è vicino.

La crisi di "Playboy"

Altra settimana da incubo. Le borse van su e giù come l'aria nell'esofago quando bevi la coca e l'economia va a ramengo. Persino "Playboy" è in passivo. Il giornale hard più famoso del mondo è stato costretto a licenziare personale. Questo è un bruttissimo segnale. Se la gente non compra più neanche le riviste con la gnocca sopra, è recessione brutta. E di nuovo parte tutto dall'America. Chissà cosa si inventa adesso Obama. Ci fosse stato Clinton mi dava più sicurezza... lui era uno che sulla jolanda la sapeva lunga, la maneggiava bene diciamo... Perché se crolla la gnocca negli Stati Uniti crolla anche da noi. E lì siam proprio finiti. Non c'è più mercato. Sarà per quello che adesso fanno pure i detergenti per gnocca alle proteine della seta. Non so se avete visto la pubblicità. C'è un detergente intimo alle proteine della seta con una terla che si rotola negli scampoli di stoffa doré. A parte che non sapevo che la seta avesse le proteine. Come la bistecca. Che si potessero fare scaloppine di foulard di Hermès. Ma poi come ti viene col detergente alla seta!!? Scivolosa e cangiante? Adesso mi aspetto che facciano anche il detergente alle proteine della lana, del mohair. Così ti viene poi la jolanda d'angora... che fa i pallini come i golf. Ma torniamo all'economia che è meglio. Con il crollo della borsa si moltiplicano le ope. Sai l'OPA. Quella roba... l'offerta per comprare le aziende. E adesso bisogna fare attenzione perché col crollo delle azioni che c'è stato, comprarsi una fabbrica come la Fiat o la Montedison costa meno che far mettere la veranda sul balcone. No pensa l'Alitalia adesso cosa vale. Niente. Te la danno di resto quando compri i marron glacé.

Colaninno lascia le azioni dell'Alitalia sul tavolo quando fa le feste. Così la gente le adopera per tenere in mano gli arancini e i supplì senza ungersi.

Adesso han detto che per dare stabilità alle banche interverrà lo Stato. A posto siamo. Lo Stato? Ma se lo Stato è in deficit dai tempi dei fratelli Pisacane? E adesso garantisce lo Stato? Certo. Peccato che lo Stato siamo noi. Non è che siam tutti cretini. No, perché non c'è nessuno che lo dice. Non un pirla qualsiasi che faccia un articolo dicendo: "Volevo solo avvertirvi che lo Stato siamo noi". Alla fine noi cittadini interverremo per garantire la banca che ci frega. La filiera è questa: le banche ci inchiappettano, lo Stato ci metterà dentro i soldi dei cittadini per ripianare i debiti, così le metterà in condizione di inchiappettarci di nuovo. Ecco fatto.

La mutua per cani e gatti

Siamo un Paese di pazzi, questa è la verità. Quindici milioni di italiani sono a rischio povertà. Una famiglia su quattro rischia la miseria. Conviene quasi farsi mettere in galera, così almeno la sfanghi per quei tre o quattro anni, tanto poi esci. Insomma. Un sacco di gente è alla canna del gas e che proposta di legge bipartisan ci arriva? Quale perla di geniale e tempestiva intuizione, quale colpo di meravigliosa scena, quale prepotente e indispensabile figata? La mutua per cani e gatti. Capisci? Si son messi da destra e da sinistra a pensare 'sta boiata. Ora io sono una cagnara accanita. Ho un cane in casa da quindici anni, preso al canile, sordo e con un orecchio solo. So cosa vuol dire amare un cane. Ma la mutua per le bestie mi sembra una follia. "Eh ma è un gesto di civiltà... " Sì è un gesto di civiltà che però viene dopo altri mille gesti di civiltà che gli stanno davanti in classifica. Ma se non abbiamo i soldi per noi, andiamo a pagare la mutua per il chihuahua? Le aspirine per i golden retriever e la supposta per la stitichezza del fox terrier? "Eh ma gli anziani con la pensione non hanno i soldi per pagare il veterinario." Bravo. Vedi, che le cose le sai? E allora mettigli più soldi nella pensione, e poi loro ne fanno quello che vogliono. Se vogliono spenderseli tutti facendo rifare i seni alla pastora maremmana come quelli di Angelina Jolie saranno poi cavoli loro, no?

Ma se la mutua non funziona neanche per noi, che per fare un esame dobbiamo aspettare dei mesi, dobbiamo mettere i soldi per far fare i raggi al persiano o l'amniocentesi alla tartaruga che aspetta? Oltretutto l'umano versa i soldi per avere la mutua. Ma un cane cosa versa? La sua pipì per le strade?

È finita l'evoluzione

Bon. È finita l'evoluzione. L'ha detto un genetista molto bravo, tale Steve Jones. L'uomo non si evolverà più di così. Siamo arrivati al capolinea. Meglio di così non si poteva fare. Mammamia. No, è che guardandomi allo specchio viene da dire che un piccolo margine di lavoro c'era ancora. Tra me e un anfibio, che era il mio antenato, l'unica differenza è che non ho più la lingua che acchiappa le mosche, fine. Insomma l'umanità è bella che arrivata. Ecco. Allora, scusi se mi permetto, signor Jones, lo dica lei a quelli che fanno i jeans che non cresceremo più di così. Io è una vita che lo ripeto. Cosa li fate a fare i jeans così lunghi? Che quando li compri, di vita van bene, e sotto avanzano due tubi della stufa?! Cosa ce ne facciamo, di quei cannoli? Siamo geneticamente finiti. Non cresciamo più. Smettetela di farci 'sti jeans lunghi a cannocchiale che poi noi donne dobbiamo fare l'orlo e non siamo capaci. Che lo facciamo con lo scotch e poi a mezza giornata cala e ti pende la banda dietro. Nel futuro non ne nasce di gente con le gambe lunghe come i bastoni per le tende, con le gambe lunghe come gli elefanti di Dalí. Va bene, io son bassotta, mettici che avanzo dieci centimetri in più, ma non la Salerno-Reggio Calabria. Persino Pippo Baudo se non li accorcia sembra il fantasmino Sbirucchio. Anche gli stivali. A cosa serve farli così stretti che quando li infili tocca poi cambiarti la canottiera per il sudore che butti fuori!? Tanto non ci verranno, i piedi triangolari come le teste delle vipere! E poi. Noi donne abbiamo i polpacci, non abbiamo solo due tibie foderate di pelle e larghe come polsi. Fateci chiudere 'ste lampo, per l'amor del cielo. Un messaggio anche ai mutandieri, quelli che fanno le mutande da uomo di maglina che davanti hanno quel sacco grosso come quello di Babbo Natale, che la maggior parte delle volte sta sgonfio come un sufflé mal riuscito. Pensavate che nel futuro crescesse a tutti i maschi un terzo amico di maria? Non succederà. E i rasoi da uomo con quattro lame? Una volta erano a una lama, poi due, poi tre, poi quattro. Cosa credi, cara Bic, amico Gillette e compare Contour? Che all'uomo verrà la barba di legno massello? Rigida a spazzola da strigliare i puledri? No. Finita l'evoluzione. La barba dell'uomo resta così, come la setola dei maiali. Brutta storia. Francamente ci sono delle cose che speravo cambiassero nella morfologia umana col passare degli anni. Per esempio: invece dei denti da latte era meglio che crescessero i capelli da latte. Che li perdi a trent'anni ma poi ti crescono quelli definitivi. E soprattutto. Il sacchetto di pelle qui, sotto il braccio, che alle donne dopo i quaranta diventa pendente come la neve dei cornicioni, che sembra sempre che cada e non cade mai... Ecco. Io quello speravo che con il passare delle generazioni si trasformasse. Magari in un paio di alette. Anche solo come quelle delle quaglie. Non dico per volare ma almeno per svolazzare dal soggiorno al salotto senza mettere i piedi dove hai appena lavato.

Marijuana ornamentale

Autunno. È tempo di rimettersi i collant. Ommioddio. Tocca subito cacciar via la balordaggine e far nidificare nel cervello pensieri positivi. Una strategia io ce l'ho. Guardo i documentari alla TV. Perché i divulgatori scientifici son positivi e sapienti, mica come me che sono un bungalow di minchiate. E poi son sempre felici. Dietro hanno uno tsunami che sta per spararli via o un fulmine che potrebbe far girare le giostre di tutto il pianeta per mille anni, stanno in mezzo alla lava, allo zolfo, si fanno il peeling eterno con i geyser e son sereni, ci manca solo che si mettano a novanta nell'attesa che li colpisca qualche meteorite. Tra l'altro è un casino trovare sempre qualcosa di nuovo da raccontare. La Terra è la stessa da milioni di anni. Una volta che fai vedere i vulcani di fuori di sopra e di dentro, le attinie che si baciano e com'era diverso il mulo nel Pleistocene poi, cosa fai? Fai vedere l'interno dell'elefante passando per il suo tunnel naturale? Invece loro gratta gratta alla fine arrivano sempre con qualcosa di nuovo... un pezzo di infradito rosicchiato dei Sumeri, l'osso del primo prosciutto di Neanderthal, la pipa dello zio di Cleopatra. Aspetto con ansia un nuovo documentario sulla marijuana, visto che adesso la Cassazione ha decretato che si può coltivare in casa ma solo per ragioni ornamentali. Sì. Puoi tenere un vasetto di maria sulla mensola del tinello al posto dello Spatifillo. Basta non fumarla. Se non te la fumi e non ti fai venire gli occhi fissi di vetro da volpe imbalsamata e la faccia del granchio quando fa la muta, la marijuana è una bella pianta che fa la sua bella figura. Vedi? In fondo, basta considerare le cose da un punto di vista differente, e si scoprono i lati buoni. Probabilmente anch'io, che così *nature* sono dannosa, magari ho un possibile uso ornamentale, che adesso mi sfugge. Forse appesa ai fili della biancheria farei scappare i colombi. Starei anche bene sul terrazzo a culo in su come un galletto segnavento o come nanetta da giardino. Tante cose si possono usare in modi diversi dal solito. Il cotechino per esempio, che mangiato fa male al fegato, lo puoi usare come paraspifferi per le porte o come bracciolo per le poltrone. Anche tirarlo in testa al fidanzato che fa tardi la sera dicendo: maiale tu maiale lui. Comunque, tornando all'*affaire* marijuana, se prendiamo la piega dell'uso ornamentale sarà un attimo veder gli orti pieni. Siepi compatte di maria al posto dell'agrifoglio. Sposine che lanciano bouquet di marijuana e parenti che se la fumano. E anche l'hobby del giardinaggio prenderà tutta un'altra piega. Invece di bruciare le stoppie del granturco, dai fuoco alle foglie secche di marijuana. Come farsi un cannone gigantesco... Ed è subito rave... Vedi poi il vicino di casa che parla alle lumache, e sette o otto del condominio di fronte che provano a far centro con la pipì nei bicchierini del rabarbaro. Comunque superato 'sto scoglio il futuro sarà tutto in discesa. Finirà che la Cassazione dirà che a Natale si può mettere sul presepe al posto della farina la coca. Per far la neve. Tanto c'è già anche lo specchietto che serve da laghetto ornamentale. E poi la tiri con la zampogna del pastore.

La guêpière sudoku

Che sollievo. Finalmente anche da noi come in America sono arrivati i sexy toys. Specifico per quelli che giocano solo con paletta e secchiello: sexy toys, giocattoli erotici. Da oggi in poi alla Rinascente e da Coin noi donne potremo trovare tutto quel che ci serve per fare il ciupa dance in modo da spanciarsi dalle risate, visto che questi ambaradan sono destinati quasi esclusivamente alle baggiane. Certo, perché noi siam più fantasiose. L'uomo si sa. Va al sodo. Non sta tanto lì a giocare. La donna vorrebbe sorseggiare l'amore come un vino da meditazione, l'uomo l'amore lo trangugia come il caffè del mattino: in due secondi, con le ciabatte ai piedi e grattandosi il derrière. Tra i sexy toys potremo trovare: intimo commestibile (mai capito perché uno dovrebbe masticarsi un paio di slip con tutte le cose buone che ci sono al mondo...), manette, frustini, mutande da uomo col buco e da donna con due. Sembra che ci siano anche i copricapezzoli di strass. Uao! Corro a prenderli. Nel caso sentissi freddo proprio lì ci metto due bollini chiquita luminosi che fungono anche da luci di emergenza in caso di avaria della macchina. E vogliamo parlare del kit per lo spogliarello? Ma io dico. Ma per fare lo spogliarello devi avere un kit? Ma in uno strip-tease non è mica importante quel che ti togli ma come lo togli... hai un bel strifugnare e roteare il reggiseno, se sotto hai il Tavoliere delle Puglie... o fion-

145

dare in faccia al partner l'autoreggente fumé, se sfoggi poi due prosciuttazzi da salumificio Beretta. Comunque ci saranno kit per quando hai più tempo e kit per quando devi andare di corsa. Quelli long time e quelli last minute. Molto tempo? "Guêpière sudoku", mutande incrociate a schema libero e reggiseno "rebus" con ottanta ganci inventati da Bartezzaghi. Se invece il tempo è niente, mutande con la linguetta come le lattine di birra. Basta dare una bella agitata, tirare la linguetta e voilà. E tutto questo al supermercato. Io sono un po' preoccupata. No, perché son distratta. Passo dal super sempre di corsa, sono orba come una talpa e poi mi confondo. Credo di comprare una confezione di canfora per gli armadi invece son le palline da infilare liolà a scopo erotico, così le tarme oltre che mangiarmi i golfini godono... Sarei curiosa di vederle, queste palline. Avranno la faccia di un ciclista su un lato, così ci puoi anche giocare a biglie? Invece di prendere il Raid mosche e zanzare o il Pronto mobili prendo qualcos'altro che c'ha la forma uguale e finisce poi che mi ritrovo a lucidare la scrivania con 20 cm di lattice. È anche imbarazzante metterli nel carrello della spesa, 'sti benedetti sexy toys... Metti che incontri la vicina di casa... cosa le dici? Che quest'anno i cetrioli sono venuti metallizzati? Sa... i cambiamenti climatici. Ma guardiamo il lato positivo. Avremo sempre meno bisogno di voi maschi. Ci basterà passare al minimarket. Peccato che alleveremo una generazione di giovani che non sanno una mazza di educazione sessuale, non conoscono il loro corpo, ma che manovreranno i frustini come gaucho argentini e che faran girare le palline dell'amore come giocolieri cinesi.

Sfilate maschili

Bene. È passata la norma contro la discriminazione sessuale. Finalmente una piccola cosa di cui gioire in questo disastro che è la vita politica di questi tempi... Sono molto contenta. La Binetti meno. La mia amica Binetti ha un diacono per capello. (Lei i diavoli nei capelli non li vuole neanche quando è incacchiata nera...) E quindi, visto che son contenta come una pasqua, soprattutto perché ho un mucchio di amici gay, al di sopra di ogni sospetto chiedo: è possibile istituire delle quote azzurre fra gli stilisti? No, perché così non si può andare avanti. Le avete viste le sfilate dell'uomo? La moda maschile è gayssima. Anzi. Non è solo gay: è arcigay. Mi chiedo. Sarà mica perché la maggior parte degli stilisti sono gay? Faccio questa ipotesi un po' azzardata. Ma uno, un etero che disegni abiti da etero, uno, ce lo vogliamo mettere? Ce lo vogliamo schiaffare un sarto che vesta un uomo non da donna? Glielo vogliamo piazzare un minimo sindacale di testosterone? Non dico di far sfilare maschi vestiti di pelle d'orso e con la clava, ma insomma, evitare le giacche col risvolto di pelo sintetico e le maniche raglan. E le vestaglie leopardate, le camicie di raso trasparente che si intravedono i capezzoli, i completi giacca e pantalone di tre taglie più piccoli che sembra che debbano esplodergli i polmoni da un momento all'altro, gli jabot, i merletti, gli spunfuli di pelliccia intorno al collo... A parte Armani e pochi altri, ci vestono gli uomini da damine dell'Ottocento. E le ciglia finte... e lo spacco laterale... va tantissimo la gonna... per i maschi? La gonna per i maschi? Con gli amici di maria che ballano la pachacha?... prima o poi faranno sfilare un modello che al posto degli slip ha una vetrinetta di cristallo illuminata! Un esponi-merce coi faretti per mostrare il cardellino come fosse un gioiello di Swarovski... E già che ci sono vorrei chiedere formalmente, fare un'interpellanza parlamentare, una moratoria per l'abolizione del pantalone a vita bassa dei maschi. Anche il re delle moratorie, Giuliano Ferrara, non può che essere d'accordo con me visto che lui è obbligato per questioni contingenti ad allacciarsi i calzoni sotto le ascelle. Basta, con 'ste braghe che cadono. Si vedesse almeno qualcosa di interessante... invece si vedono solo elastici di mutanda slabbratoni e grigiastri che incorniciano quarti di deretani tristi e mollicci. Nel caso dei figli, non puoi nemmeno tirargli di tanto in tanto alla bisogna un sacrosanto pedatino nel deretano, perché il culo è vago e corri il rischio di ledergli la spina dorsale o smontargli un polpaccio. Con quei pantaloni lì i maschi camminan tutti da cretini, con le gambe larghe, come compassi. L'andatura classica del pinguino. E quando si chinano? Ed esplode fuori quel mezzetto di pasta per la pizza pallido e assorto? Con tanto di canalina? Di grondaietta? Di tunnel del Monte Bianco? Ma perché? Non è sexy quella roba lì. Anzi. Fa pensare a quei canali di scolo dei campi di granturco. A una crepa nel muro. A una buca delle lettere nella quale incastrare le réclame.

La supposta effervescente

Novità di un certo rilievo nel mondo delle pubblicità. Intanto segnalerei il nuovo collant in e out. Che spinge la pancia in dentro e butta il didietro in fuori. Ti viene il retro che sporge come quello delle oche. Praticamente uno spoiler. Vista di profilo sembri poi la Zeta di Zorro. Un'anguilla piegata in tre.

Mah... io non ci credo. Un collant è poi solo una retina di fili elastici. Non può essere che una cosa così ti pieghi le lamiere in quel modo... sarà la modella che soffre di lordosi... l'avran scelta facendo dei provini particolari. Quando han trovato una che appoggiandole un servizio da tè sulle tette e un posacenere sul culo stavano su tutti e due l'han presa.

Ancora meglio la pubblicità del silicone sigillante. Per fare pubblicità a un silicone che sigilla puoi fare tante cose. La puoi fare semplice: un idraulico che traffica sotto il lavandino. Biblica: arca di Noè che perde, Noè che sigilla, le capre e gli gnu che fanno la ola. Creativa tipo Amaro Lucano: un cormorano nel petrolio con l'ala rotta e dei veterinari che arrivano in superleggero e gliela sigillano. E invece no. Nella nuova pubblicità del silicone sigillante si vede una tipa da dietro che si spoglia completamente. Che tu ti domandi: "Dove? Dove, se l'è messo il silicone? Cosa? Cosa si sarà sigillata? Quali antri?". Poi finalmente si butta in piscina e tu capisci. Cioè capisci che la piscina non era sigillata bene. Oppure era piena di trote o tinche in cerca di tane, ma è un'ipotesi a cui non voglio pensare. Posso dire una cosa? Una gnocca così il silicone al limite se lo inietta nelle tette, non ci sigilla il lavabo. E poi. È mai possibile che le donne nude debbano essere usate per fare qualsiasi pubblicità? E acqua che purifica, e yogurt che ventrifica, e docce e shampi che ti levigano e volumizzano? Cosa c'entra un silicone che si compra in ferramenta con una donna nuda che si butta in piscina? Ma perché non usiamo una donna nuda anche per fare la pubblicità del toner della stampante con lei che si fotocopia le tette ma le escono sbiadite?

E in un tourbillon di infinito divertimento per grandi e piccini eccoci arrivati alla prestigiosa supposta effervescente. Adesso è in vendita una nuova supposta che fa le bolle. Ne sentivo il bisogno. Mi chiedevo: che cosa desidero di più io dalla vita, se non una supposta che fa le bolle? Che mi culli con uno spensierato ribollire?

È anche già andata in pubblicità. Per fortuna i protagonisti son cartoni. Lui e lei. Lei la noti che è in ambasce perché è gonfia e tutta storta. Parentesi. Non c'è una pubblicità una dove sia l'uomo a essere stitico. Tutte donne. Gli unici uomini usati in pubblicità per raccontare come funziona l'intestino sono due, uno se ne frega e va allegramente su e giù in bicicletta per il duodeno e un altro che se la faceva addosso alla coda alla posta. Ma la stitichezza è donna. La pubblicità è piena di donne gonfie, che dalla pressione han gli occhi fuori dalle orbite, donne che si massaggiano la pancia depresse solo perché non van di corpo, come se dentro avessero accumulato una tale quantità di residuo, una tal pignatta, un tale stantuffo di scorie da renderle invalide.

Ci sarebbe da pensare che invece delle quote rosa le quote avrebbero bisogno di essere di un altro colore. Per dire. Senza essere volgare. Maròn, per completezza di informazione.

Prima o poi vedrai, useranno anche le vecchie canzoni per render meglio l'idea... per meglio rappresentare il disagio, tipo... "Donne... du du du... in cerca di guai donne sul

water non evacuano mai..." "Siamo così dolcemente inta-
sate, stitiche e rovinate, raddoppiate, ma potrai trovarci ancora lì... nelle sere tempestose, a fare quelle cose, tormento-
se, per poi dire ancora un altro sìììì..."

Ma torniamo allo spot. Lui e lei. Lei gonfia e grassa, lui
invece magrissimo. E le dice: "Mannaaaaggia quanto sei
gonfia...". E lei, con la voce lamentosa fa: "Son stitica. C'ho
il blocco". Son bei momenti di televisione. Poi claim: "Eva
Q, pochi minuti e non ci pensi più", stacco, tornano loro
due e lei canta. "La la la la la la" e lui: "Gallina che canta ha
fatto l'uovo..." ma si può? No, dico è possibile? Per fortuna non si vede la modella che fa le bolle e sembra una bottiglia di Dom Perignon a Capodanno.

Ma io non ho capito una cosa. 'Sta supposta effervescente
la devi sciogliere in un bicchiere come l'aspirina o la metti
e lei effervesce in loco? Qualcuno potrebbe provarla e farmi il resoconto?

Sweet & Gabain

Proprio l'otto marzo. Potevano almeno fare un altro giorno. Altro che mimose. D'altronde ogni due per tre le parte un embolo e vola sulle piume a qualcuna. L'ultima volta ha picchiato a colpi di cellulare la sua cameriera che le aveva rubato un paio di jeans. Povera Naomi. Son cose che fanno male. Tu hai qualche centinaio di paia di jeans e ti arriva una smarfiona qualunque che per di più si chiama Anna Scolavino a imbertartene un paio. Comunque. Alla fine il giudice dell'alta corte newyorkese ha emesso la sentenza. La panterona ha dovuto pagare la bellezza di trecentosessantottomila dollari di multa. Quisquilie. E in più per cinque giorni le è toccato pulire per terra i pavimenti del deposito immondizie di New York. I fotografi non sono ammessi. Giusto. Certo, lei si spacca la schiena a pulire e quelli entran a far le pedate. Ci mancherebbe ancora. Però io dico. Cinque giorni a pulire i pavimenti sarebbe una punizione? È evidente che i giudici son tutti maschi... Ma cosa vuol dire? Allora la maggior parte delle donne del pianeta sta scontando l'ergastolo. Noi siam punite tutto l'anno, dovremmo viaggiare col numero scritto dietro come la Banda Bassotti. Se lei per aver tirato un telefonino in testa alla sua colf e averne menata un'altra, per punizione deve pulire per terra allora io quando cambio le tende in salone giro i materassi e alzo a due mani la lavatrice per levare i becchi d'oca da sotto cosa devo aver fatto, secondo i giudici americani?! Bastonato un cane che affogava?! Che strana concezione delle donne. Guarda anche la polemica sulla pubblicità di Dolce&Gabbana. Quella dove si vedono cinque maschi badola in jeans a torso nudo di cui uno che atterra una giovane donna in miniabito e scarpe a punta. Polemica in Spagna. Ambaradan anche in Italia. Pubblicità rimossa dalla circolazione. Ora. Io personalmente non l'ho trovata così terribile. Sono ben altre le cose che offendono le donne. In più se guardi la foto, lei non dà affatto l'idea di una vittima, ha delle scarpe così a punta che se solo volesse li infilzerebbe come spiedini, e poi altro elemento tranquillizzante, i cinque uomini sono visibilmente gay. Ma si capisce. Guardan tutti da un'altra parte. L'unico che guarda lì sembra che dica: "Oh... signur... cos'è quella roba lì... che impressione... uh per carità". Quello che mi sconvolge di più invece è come facciano a pensare che una pubblicità del genere faccia comprare più abiti. Che gli abiti non si vedono. Son sempre mezzi nudi. Volete fare la pubblicità di vestiti? Fateli vedere. Oppure metteteli in mucchietto di lato, che almeno si capisca che colori vanno di moda. Altrimenti pensiamo che sia una pubblicità di abbronzanti visto che son sempre tutti unti come fritti di paranza. Fotografate un armadio spalancato, una valigia aperta, due fili della biancheria con su stesi tutti gli abiti così vediamo la sciancratura, le cuciture, se le tasche son tagliate dritte o di sghimbescio. Pare che la prossima pubblicità di Dolce&Gabbanoide preveda un uomo con un pitone sul petto. Un simbolo di trasgressione molto originale. Mi tranquillizza il fatto che il pitone stia sul petto e non altrove. Almeno quello.

Ti presento Anna Lucia Margherita Pia Ragnetti Mantegazza Pistilli Muffa

Fiocco rosa in casa Totti. La nostra amica Ilary ha partorito una bella bambina. E l'ha chiamata Chanel. Come un tailleur. Per giustificarsi ha dichiarato che il nome l'ha scelto il fratellino. Che, vorrei sottolineare, al tempo aveva un anno e mezzo. Com'è venuto in mente a un bambino di un anno e mezzo il nome Chanel? Un pupattolo di quell'età non è che parla. Fa solo: da da ca ca pe pe... ma mettiamo pure che il primogenito dei Totti sia superdotato. Quali nomi vengono in mente a un bambino così piccolo? Bambi, Pocahontas, Kirikù. Ma non Chanel. Capisco ancora se fosse la quintogenita. La chiami Chanel numero cinque, ci sta. Bah. Sarà l'unica neonata che fa la cacca profumata. Dài. Chanel è un cognome. Il nome sarebbe Coco. Che Coco Totti non sarebbe male. Tottì e Cocò. Ha detto la mamma che ha scelto Chanel perché le piacciono i nomi dolci. Anche a me. Infatti volete sapere come chiamerò mia figlia? Fanta. E se è maschio Pandistelle. I vips son fatti così. Visto che sono vips se ne sbattono e mettono ai figli dei nomi da manicomio. John Travolta ha chiamato suo figlio Jet. Motivo? Perché è appassionato di aerei. Certo. Come se a me che piacciono le macchine chiamassi mia figlia Panda o Jeep. Madonna ha chiamato la figlia Maria Lourdes. Non è propriamente un nome beneaugurante da dare a una bambina. La figlia di Julia Roberts si chiama Hazel. Nocciola. Quella di Gwyneth Paltrow si chiama Apple. Mela. Roba da mat. Ma ci sono i genitori ancora più esondati nel cervello a cui non basta mettere un nome assurdo. Troppo poco. Se lo inventano di sana pianta. E tiran fuori delle robe da cruciverba sbagliato. Hai presente quando vuoi finirlo e nelle caselle mancanti metti delle lettere a casaccio? Dei nomi tipo: Martufio, Sgundula, Salaboinda, Sbendo. Ma i peggiori di tutti, i criminali veri, son quelli che danno ai figli nomi di cane. Che chiamano il figlio Buck, Dick, Blek, Whisky e poi il cane lo chiamano Giovanni o Renato. Almeno, per fortuna non è passata al Senato la legge proposta dalla Bindi di dare il doppio cognome al figlio. La Rosy proponeva la seguente soluzione: se il papà si chiama Panisperna e la mamma Maltagliati il figlio si chiamerà Panisperna Maltagliati. Bene. Però, poi il bambino cresceva, conosceva una bambina, decidevano di sposarsi, e al loro bambino rifilavano quattro cognomi. Panisperna Maltagliati Ribottini Muffa. Otto al nipotino, sedici al bisnipotino e così via. Se tenete conto che tanti bambini hanno anche due, tre o perfino quattro nomi, finiva che per fare carte di identità e certificati di nascita si sarebbe disboscata un'altra bella fetta di foresta amazzonica. E per le presentazioni? Passavano le ore. "Anna, ti presento Carlo Enrico Maria Filiberto Brugnetti-Scocchi-Laparin-Cipi-Patela. Carlo, ti presento Anna Lucia Margherita Pia Ragnetti Mantegazza Pistilli Muffa. Pensa l'appello della prima ora: Albertoni Posacani Frattaruolo Scornagliati Enzo!!! È già passata la prima ora. E sui citofoni? Toccava mettere la prolunga sulla targhetta.

Una gallina in borsetta

Bene. È arrivato anche da noi il ciclone Kyrill. Si son squarciate le nubi e dal cielo è spuntato un fon enorme che ci ha sparato una botta di aria calda a 180 km all'ora. Siam seccati tutti come i biscotti nel forno. Un vento che ci girava le narici al contrario e un caldo boia. Roba da mat. Ci han detto che arrivava l'uragano, arrivava il ciclone, arrivava il tornado e noi pirla siam partiti col triplo strato: la maglia di lana, il dolcevita di pile, il giubbotto imbottito di lana di foca. E a mezzogiorno con quel sole forsennato avevamo tutti addosso l'odore di una capra che ha corso. Ora però chiedo espressamente di finirla con 'ste notizie angoscianti sul clima perché sennò è un incubo. E la Terra che entro il 2050 sarà spompata dai nostri abusi e dovrà essere abbandonata. E la Groenlandia che si scioglie. E il Po che è secco come un wafer. Ok. Amici? Che siamo nel guano l'abbiamo capito. Che la situazione fosse grave si sapeva. Però, adesso che avete gettato quest'ombra di sfiga sull'umanità, potete per cortesia darvi da fare? Voglio dire: se a casa mia sta per finire lo zucchero, non è che lo ripeto tutti giorni, lo scrivo sul giornale o lo dico ai TG. E neanche apro la finestra e mi metto a gridare: "È FINITO LO ZUCCHEROO!!! È FINITO LO ZUCCHERO!!! È FINITO LO ZUCCHERO!!!". No. Me lo dico una volta, due, poi mi faccio un bigliettino e me lo vado a comprare. Ma per risolvere la secca del Po francamente non saprei proprio come fare. Ora: visto che se siamo messi così è proprio per colpa degli scienziati, che hanno inventato il motore a scoppio, il computer, i satelliti, e tante belle robette che fan comodo ma stanno mandando tutto in malora, che si diano da fare. Son loro che sanno come si fa a evitare questa catastrofe e a rammendare 'sto benedetto buco nell'ozono. No, perché io sono molto contenta di raccogliere le bucce di patata, le pile esauste e i filtrini usati del tè ma sono certa che non può bastare. Dobbiamo fare meno pipì? Più cacca per concimare? Insomma, cari scienziati, o ci dite cosa fare o tacete per sempre e lasciate che ci estinguiamo nella beata ignoranza come le oche da pâté che si ingozzano fino a quando non arriva il contadino e gli tira il collo. Invece tutte le vostre energie sono spese in studi di cui francamente mi sfugge l'utilità. A Londra per esempio hanno inventato le uova medicate. Mi spiego meglio. Si allevano galline geneticamente modificate che fanno uova che curano. Le uova con dentro le medicine. Sei malato? Ti fai una frittata. Hai la tosse? Niente sciroppo, ti fai un'omelette. Al posto del portapastiglie classico in ceramichina o intarsiato nell'argento, ti porti una gallina in borsetta. Così quando hai mal di testa invece di schiacciare fuori dal blister una pastiglia di Moment ti basterà spremere la gallina come un tubetto di dentifricio. Non so se 'ste uova van anche bene come supposta. Spero ardentemente di no. Comunque ho una bella idea. Io modificherei anche le mucche. Così quelle belle cacche grosse come centri tavola si potrebbero usare per fare gli impacchi.

Scimmie e piccioni

A Nuova Delhi le scimmie hanno invaso la città. Ci sono scimmie dappertutto. Sui tetti delle case, appollaiate sui balconi, aggrappate alle grondaie. Strillano, rovinano, distruggono. Ma siccome per la religione induista le scimmie sono sacre nessuno può toccarle. Ogni tanto le catturano e le trasferiscono un po' più in là, in un parco. Peccato che i macachi, che fessi non sono, dopo la gita al parco se ne tornano belli trulli a casa e ricominciano a fare danni. A noi è andata un filo meglio. Noi per fortuna siamo solo invasi dai piccioni. Ecco. Volevo solo dire che però per noi non sono sacri. Non veneriamo nessun dio con la testa di piccione. No... dico... se potessimo far qualcosa... perché tra un po' a Natale invece che con la neve i pupazzi li facciamo con la cacca dei colombi. Tutte le volte che esco sul balcone mi sembra di essere nel remake del film di Hitchcock. È tutto un fra frararaafrarraffrarra... di ali che si ammuzzunano... Montagne di colombi che fanno allegramente lo slalom tra i dissuasori, quei ferri da calza che crivellano ormai la maggior parte dei ballatoi. Torino è diventata un piccionificio. Venezia è lastricata di ratti volanti, a Bologna Cofferati si è messo a fare bird watching. Esci di casa con un soprabito beige e ti succede come alle macchine. Losanghe di cacca di piccione sulle fiancate. Color Feige, come direbbe Armani: "Feci di piccione e beige". Io non ne posso più. Una volta in auto se un piccione mi tagliava la strada rallentavo, facevo attenzione a non spianarlo. Adesso il contrario. Accelero. A New York, che è tormentata dallo stesso problema, è partito un piano per controllare le gravidanze di questi simpatici animali che, diciamolo pure, non sanno far altro che cagare. Viene distribuita a raffica una piccola pillola anticoncezionale. Gli americani sono sempre avanti. Pillola naturalmente, perché col profilattico diventi vecchio... Hai voglia a scavare tra le piume per trovare l'ambaradan... perdi la pazienza. Non è che puoi infilare il profilattico su tutto il colombo e via. Lo soffochi. Io però qualche dubbio ce l'ho. Ma la pillola come fai a farla prendere solo alle femmine? E se le mangia tutte la stessa picciona che si gonfia come una palla da basket e le altre continuano a sparare fuori piccioncini a mitraglia? E se 'sta pillola se la ingollano anche le gazze, le tortore, i passerotti e le rondini? Vogliamo mica sterminare tutti gli uccelli? Per colpa di quattro piccioni che scagazzano ci giochiamo tutto il mondo dei volatili? Io un'idea ce l'avrei. Gli ausiliari del traffico. Adesso che è Natale potrebbero smettere di tappezzarci i parabrezza di multe e diventare anticoncezionali umani. Basterebbe che si acquattassero dietro le panchine, agli angoli delle case, tra le siepi di pitosforo. E poi appena beccano due piccioni che fan del ciupa dance gli si avventano addosso e trac li staccano. Con un'idea così Torino balzerebbe subito agli onori delle cronache e Chiamparino sarebbe di sicuro invitato a una puntata di *Superquark*.

Gli uomini sanno di maiale

Sappiamo di maiale. Che bella novità. Ce l'ha fatto sapere un certo signor Armin, il cannibale tedesco che si è pappato un ingegnere. È andata così. A lui brontolava lo stomaco. Invece di aprire il frigo e succhiarsi la maionese direttamente dal tubetto ha messo un annuncio piuttosto esplicito su Internet, l'ingegnere scecherato ha risposto, han combinato l'invito a cena e via. Armin all'antipasto gli era già volato sulle piume. Al dessert era arrivato alle tibie. Pare fosse squisito, a parte un leggero retrogusto amarognolo. Mi interesserebbe sapere cosa c'ha abbinato di contorno, così per curiosità. In Germania quella del cannibalismo è una moda che sta prendendo piede. E poi vengono a parlar male dei sardi di casa nostra. Sembra che ce ne siano almeno diecimila tra potenziali mangiatori e aspiranti pietanze. Poi come si sa chi si somiglia si piglia. L'importante nella vita è trovarsi. Se tu ardi dal desiderio di diventare spezzatino e io vado pazzo per la carne a tocchetti, basta aggiungere il soffritto e due foglie di alloro e il piatto è pronto. Una bella idea per sfuggire alla noia, se non ti va il sudoku o il bungee jumping. Per ora le donne pietanza non vanno di moda. Forse son meno saporite. Son gnecche, buone solo per farci il brodo. Secondo me io so di oca. O di asina. Adesso chiedo alla mia dolce metà di rosicchiarmi un mignolo e poi di farmi sapere. A proposito di cibo. L'altro giorno. Telegiornale di Canale 5 all'ora di pranzo. Trasmettono un bel servizio di presentazione di un DVD inedito di nove ore sulla Shoa, corredato da alcuni spezzoni. Una cosa di grande impatto emotivo, con interviste ai sopravvissuti e immagini molto forti. Terminato il servizio la giornalista sorride e fa: "Bene. E adesso la nostra rubrica *Gusto*". Sapete che mi è mancato il fiato? Mi è andato fin per traverso un fusillo. Ve lo giuro. Apnea. Son rimasta come il porcospino davanti ai fari del TIR, che vorrebbe scappare e invece resta immobile. Ma non c'era niente da inframmezzare, per rendere il passaggio meno traumatico? Intanto: "Bene" cosa? Non c'è un grammo, un lampo, una traccia di bene in quella storia lì... Siamo seri. Non si può passare dalla Shoa alle tagliatelle con i funghi. Un essere umano con un minimo di buon gusto e uno straccetto di anima non regge l'impatto. Ma chi è che fa le scalette dei TG? Che si dia una regolata. Che si prevedano notizie cuscinetto. Servizi ponte per passare da un argomento all'altro. Giusto per non passare dalla strage in Iraq alle tresche amorose della Canalis. Oppure a questo punto si faccia il contrario. Che si esageri. Si preveda una scaletta cinica apposta. Hai quattro notizie da dire e la prima è "ammazza la moglie a coltellate, la fa a pezzi e ne mangia una fetta"? Perfetto. Mandi il servizio e dopo ci metti la rubrica *Gusto* che ti spiega i mille modi per fare il carpaccio, con i funghi magari; come terzo servizio a questo punto vai liscio e ci infili le immagini di Hiroshima, e mentre chiudi sull'esplosione nucleare parti a volo coi botti di fine anno ad Anacapri. Almeno c'è un filo che lega tutto quanto.

Fischi per fiaschi

Che peccato. Non si è più sentito nulla del tenore Alagna. Eppure la sua era una storia appassionante. Vi ricordate? Il famoso tenore Alagna che invece di tenere ha mollato? L'han fischiato alla Scala e lui se n'è andato. Ha detto: "Sai cosa c'è Aida? Io vado a cantare in un altro cortile. Tu se vuoi morire dentro la tomba fa' come ti pare". Un genio. E sua moglie, madama Alagna, che è soprano, ha fatto lo stesso! Se n'è andata anche lei da un'opera a Londra perché non si sentiva a suo agio. Potrebbero fare una fiction: *Casa Alagna*. Son suscettibili. Alagna è fatto così. Lui se passa col rosso e il vigile fischia, molla la macchina in mezzo alla strada e va per lumache. Pure il loro cocker. Se gli fischi gira i tacchi e va per i boschi. Che poi va be', lui è andato fuori dalla grazia di dio e si è un po' fatto prendere dal nervoso. D'altronde tutti guardavano il culo di Bolle, mentre lui era lì che si sgolava, può succedere che ti parta un embolo. Avrà pensato: "Cosa devo fare? Tirarmi giù le mutande anch'io? Non posso. Son Radames, non è previsto nel libretto".

Quello che mi stupisce sempre di più è il pubblico dell'opera. Questi qua. I commendatori, le sciure, le madame e i cavalieri, che fan tanto i fighi. Con la pelliccia, branchi di visoni addosso, le cofane, i gioielli da mezzo chilo, le sciarpe di seta e i cappotti di cachemire, che fan tutti i damerini poi si siedono prott, buuu, fut... pratttt... Dei tamarri mai più finiti. Fischiano, buano, spernacchiano. Ci manca che buttino giù dai loggioni i motorini. Ma non si è mai visto. Ma al cinema, a teatro, si fa mica così. Se non ti piace una roba, al limite non applaudire. Fai altro. Scàccolati, tanto è buio pesto e nessuno ti vede, dormi, appòggiati alla cofana e fatti un pisolo.

Questi, se si va avanti così, tra un po' faranno i cori come allo stadio. "Forza Nabucco!" "Butterfly, Butterfly, fatti uscire il fil di fumo, Butterfly."

Povero Mastella

È proprio la fine. È tornata anche Molly. Nera come la pece. Come va? Ti trovo bella decrepita. "Ti ringrazio. Sai sempre trovare le parole giuste." Ma scusa, sembri uscita da un sabba di streghe... "È il sole, imbecille... la pelle si scurisce e si smolla. Per avere la pelle di nuovo della mia taglia dovrei passare la notte in una vasca di Cera di Cupra. E tu? Guardati. Sei già bianca come un porro." Stammi morbida, Molly. Le dive hanno la pelle color di luna. (È appena arrivata e le lancerei già un boccone avvelenato.) L'amore come ti butta? Com'è finita con quel bellimbusto che a giugno ti aveva manomesso il cuore? "L'omosessuale potenziale? Male. Parlava delle mezz'ore di fila. Diceva una cosa scontata e poi la ripeteva dalle trenta alle quaranta volte. Alla fine della serata avevo la sensazione che mi sanguinassero le orecchie. Poi per fortuna è caduto dalla bici e si è rotto la mandibola." Ma come per fortuna? "Così ha smesso di parlare. Gli hanno legato i denti con gli elastici. Esattamente quello che sognavo di fare io." Criminala. Lavoro? "Vado ancora a basso consumo. Come le lampadine. Adesso mi metto agli incroci a lavare i vetri così magari il sindaco mi trova un nuovo impiego." È già partita la polemichina? "Senti. Io i lavavetri non li sopporto. Sono invadenti, se dici no loro continuano, non usano neanche il Vetril e ti lasciano sempre i bordi del parabrezza che colano."

Ma parli tu che sei sempre in bici? Uno nella vita non sceglie di fare il lavavetri. E poi se dovessi fare una classifica delle cose che nella vita mi danno più fastidio, loro starebbero al fondissimo, dopo di te, l'odore di candeggina e quelli che parcheggiano a cavallo delle righe occupando due posti invece di uno. "Adesso pare addirittura che i lavavetri li arrestino." Eh, fan bene. Escon fuori gli assassini ed entrano i lavavetri. "Tanto dopo un po' escono tutti." In effetti... Se ti dessi adesso una roncolata, tempo un paio d'anni sarei già fuori con l'indulto.

"Povero Mastella. Adesso se la prendono tutti con lui. Un mucchio di parlamentari che dicono che la legge sull'indulto è una boiata." Ecco. E allora perché l'hanno votata? Siam stati noi a votarla? Io non mi ricordo. "Comunque io non credo che Mastella l'abbia fatto apposta... semplicemente non c'aveva pensato." Certo. Se fai una legge non è che stai lì a prevedere tutte le conseguenze. Son quelle cazzate che fai perché non ci pensi. "Adesso il macello è che la maggior parte dei processi che si faranno non serviranno a una mazza." Infatti. Fare processi a gente che tanto non andrà in galera è un po' come pulire il frigo con l'aceto prima di farlo rottamare, come levare le pulci a un cane appena morto o regalare un set di spazzole a Zingaretti. "Oltretutto alla Giustizia mancano pure i fondi. Qualcuno ha proposto di trovare sponsor privati." Be', è una bella idea. Uno potrebbe ricevere una citazione in giudizio su carta intestata: "Mignottelle del panificio Piumatti" o leggere: "Questo Ergastolo le è stato offerto dalla carta igienica Liberasion". Una cosa è sicura. Che se prendiamo Giancarlo Caselli e Pierluigi Vigna a dire "Life is now" lo dicono meglio di Totti e Gattuso.

Dove fanno l'amore i vip

Comunque, per consolarci una sola cosa possiamo pensare: che dovevamo essere tutti inghiottiti da un buco nero e invece... si è bell'e che rotto il bosone. Il coso lì, l'accelerateur. Sciupà. Sfasciato. D'altronde costava solo sei miliardi e mezzo di euro... neanche le forcine per i capelli dei cinesi si rompono così in fretta... Mi piacerebbe solo sapere dagli amici del Cern. Dagli amici del bosone. Ma se 'sto coso si è rotto mentre era in funzione adesso tutti 'sti elettroni in accelerazione dove sono finiti? Han frenato? O son finiti nel cervello della Brambilla che l'ho vista a *Ballarò* l'altra sera e quando parla accelera e non riesci più a fermarla? Chissà. Ma passiamo a una notizia di forte impatto emotivo. Da un po' di tempo a questa parte brulicano sui giornali e alla TV le rubriche dove i vip ci spiegano i posti più strani dove han fatto l'amore. Dove si sono intruppicati a espletare il loro allegro ciupa dance. Ecco. Possiamo dire in tutta tranquillità un grandissimo CHISSENEFREGA? No, dico. Risparmiamo la carta, per carità. Cosa me ne frega che una ex del *Grande Fratello* l'ha fatto sul cofano di una macchina, spero spenta? O che quell'altra l'ha fatto in albergo a Milano Marittima? Ma perché è strano un albergo a Milano Marittima? Lei dice che è strano perché dopo ha pianto mezz'ora. Capirai. Dipende con chi lo fai. Ci sono volte che piangi anche ventiquattr'ore di seguito. No, perché io so già come va a finire. Che se continuano a fare 'ste domande alle varie Nine Moric, Gigie Flavic, Chiappini e Chiappetti non basterà poi più dire che uno l'ha fatto nella grotta per fare notizia. Si spalancherà poi la caienna, la gheenna, il vaso di Pandora, la cavagna, intesa come cesta e non come donna, e comincerà a saltare fuori quella che l'ha fatto sulla giostra calcinculo, quella nell'oblò della lavatrice, Rosanna Babau che ha fatto l'amore all'obitorio, Pina Pinello che l'ha fatto sull'altalena con lui fermo che aspettava il rimbalzo, o Marina-giorgia Multifilter che ha fatto l'amore al porto con i piedi sul gommone e le mani sulla banchina, anche se in realtà lei voleva solo scendere a terra e il fidanzato invece ne ha approfittato. E il peggio sono pure i commenti: "Fare l'amore su un peschereccio coricata sui merluzzi morti è stata una esperienza esaltante... ", "Quando il mio lui mi ha ravanato tra i pneumatici del gommista... ho pianto", "Ho fatto sesso sul carrello dei bolliti e ancora adesso se guardo l'ala di una gallina in brodo ritorno a quei momenti". Io una volta ho fatto la pipì sul catrame ancora caldo. Vogliamo fare una rubrica? È già una notizia più trasgressiva, no? Ero in campagna, avevano appena rifatto l'asfalto, nei prati c'erano solo ortiche. Nebbia, non passava nessuno e allora vai... alla fine fumava tutto: nebbia, asfalto e pipì. Sembrava un film di Wim Wenders. Io non ce l'ho un posto strano dove ho fatto l'amore. Me lo invento. L'ho fatto nella vasca delle palline dell'Ikea. Dentro una tenda. Ma di Gheddafi. E poi l'ho fatto a letto. Ma mentre lo stavano traslocando. Nel tragitto tra il portone e il camion dei traslochi. Toh.

La reincarnazione

Una buona notizia. Il Dalai Lama si è ripreso. È stato solo uno svarione dovuto all'età e al faticoso andar predicando. Io lo stimo quell'omino lì, perché è piccolo ma con due balle che se fossero di Natale illuminerebbero tutta la cristianità che sembra che stia molto ma molto al buio. Sai cos'ha detto il Dalai? Che se è necessario nella prossima vita si reincarnerà donna, perché spesso la forma femminile è la più utile. Ecco. Dipende tanto anche da che forma è, Dalai. Se rinasci a forma di Monica Bellucci ti sei già messo tanto avanti col lavoro. A me piacerebbe rinascere uomo solo per provare a fare la pipì in piedi. Berrei delle damigiane di Rocchetta e poi alé! Plin plin plon plon plan plan in continuazione. Sai che bello essere come voi maschi che potete scrivere il vostro nome sulla neve? Pensa che meraviglia: Lucianaaaaaaa... Littizzettoooooo... che se non c'è un campo di neve abbastanza grande devo andare a capo. E se mi reincarnassi in una bestia? Io ogni tanto ci penso. No perché noi magari ci sbattiamo, ci roviniamo la vita, ci facciamo un mazzo quadro, poi crepiamo e ci reincarniamo in un tafano. Bella sfiga. Metti che prima tu sei Naomi Campbell e poi trac mi ritorni in vita come una tenia. Secondo me la prendi male. Tu prima sei Berlusconi, Calderoli, Brunetta, Fassino, Cicchitto, e dopo una rospa, un cefalo, una tarma, una spora, un rattopode. Non è bello. Bisognerebbe almeno poter scegliere in cosa reincarnarsi. Solo che tutti i maschi vorrebbero essere Rocco Siffredi e le donne Nicole Kidman, nessuno sceglierebbe di sua volontà di rinascere cocorita, a parte qualche velina per cui tutto sommato sarebbe un salto di qualità. Magari invece le anime scelgono, però al momento buono può sempre succedere qualche casino. No, perché immagina che viavai bestiale di anime che c'è in continuazione. Alpinisti sotto valanga, ottomila rane sbergnaccate di colpo sulla Vercelli-Santhià mentre fanno una migrazione, cardellini che provano a uscire mentre si chiude lo sportellino della gabbia a molla. Minchia, l'apocalisse non stop. Intanto, di contro c'è chi nasce in continuazione. Uova di zanzara che si schiudono a mitraglia, donne che partoriscono sette gemelli, foca incinta allo zoo di Londra, orche marine che sgravano alle tre di notte in qualche cacchio di oceano... un macello. Anime da sud a nord, da est a ovest che si incrociano a razzo, una che deve andare a Beverly Hills a fare il topo del ristorante cinese, un'altra che va a fare il bergamasco che vende stufe a pallet. Capisci che confusione? Metti che io nella prossima vita voglia nascere ricco e grattarmi le ginocchia per tutta la vita. Io anima mi metto bella che tranquilla in attesa a Zurigo vicino alla villa di due miliardari che stanno facendo l'amore e aspetto il momento del concepimento. Dico. Due minuti e sfrttt entro... Così poi me la godo fino a ottant'anni in Svizzera senza fare un tubo mangiando a sbafo tutti i soldi di quel pirla che sta per diventare mio padre. Ma forse, mentre son lì pronto a entrare, una coniglia a Ischia, di punto in bianco, magari quando rosicchia una carota, si trova addosso un maschio che trac la mette incinta... e io finisco lì! A fare il coniglio a Ischia! E tempo un anno son già in padella con le olive. Capisci che disastro?

Modella mignottella

Un'altra bella notizia. Arriverà presto in Italia il primo reggiseno per bambine di sette anni. In Gran Bretagna c'è già, costa solo quattro sterline e pare che vada a ruba. I produttori dicono che lo hanno fatto per il bene delle bambine: "Che sono molto sensibili al loro aspetto, a quell'età". Certo che gli inglesi son dei bei dementi... ma si fanno tritare il cervello per renderlo più digeribile?

D'altronde ormai va così. A sette anni ti metti il reggiseno imbottito e a diciotto chiedi un piccolo intervento di chirugia estetica. Per la maturità il naso o il seno nuovo. Una volta era il viaggio inter-rail... non so perché ma mi pareva meglio... Ma a che cosa serve un reggiseno a una settenne? Ma le bambine a sette anni hanno due capperi, due grani di pepe rosa, due noccioline di Chivasso! Siamo sicuri che è il caso di vendere dei regginiente? Se a una bambina di sette anni sana di mente metti il reggiseno ci nasconde dentro i rospi e le lucertole! "Eh, ma adesso è di moda." Certo. Ormai sembra che le ditte di abiti per bimbi ti dicano che se hai una bambina di otto, dieci anni e non la vesti da zoccola le fai un torto. Anche le amiche ti guardano storto. "Come sei antica... Perché non metti le calze a rete a tua figlia? Ha già i suoi bei quattro anni neanche tanto ben portati..." La verità è che ci sono certe madri che hanno dimenticato il cervello al centro commerciale. Ho visto coi miei occhi in una vetrina del centro uno scamiciatino taglia sette anni, con su scritto brillantinato: "Erotic Girl". Ma come Erotic Girl? Ma se una è un'erotic girl a sette anni a tredici anni cosa ne facciamo? Le facciamo aprire un bordello?

Allora scusa. Qui ci vuole la par condicio. Perché non mettiamo ai maschietti dei bermudini con su scritto "Nerchia pazza" oppure "È arrivato il trapana-tope"? Son scritte che fanno simpatia... Anche un bel biberon per maschi veri di sei mesi con scritto sopra "ciucciamelo", non sarebbe male. Io propongo di lanciare una linea di moda per bambine e di chiamarla "La mignottella" e siamo a posto. No, perché adesso si diventa "carne fresca" già a due anni. D'altronde se disegni minigonne con lo spacco per seienni, toppettini con spalline paillettate per quattrenni e reggiseni imbottiti per ottenni, robe che sono tutte di seduzione, vuol dire che per la moda le infanti sono già scopabili. Poi se qualcuno lo fa davvero lo mettono in galera e ci mancherebbe. Che male hanno fatto i bambini di oggi per essere dei mini adulti che a undici anni ne dimostrano quindici? A otto anni non devi vestirti come Madonna. Devi vestirti da bambina. E poi devi giocare. Con le perline, i pattini, e le Barbie. E non farti il fidanzato. Sognare soltanto di sposarti con quel rospo della 5 B che però è tanto simpatico. Fine.

Perché con 'sta mania di far diventare le bimbe adulte, ci si ritrova con delle adulte che anelano a ritornare bambine. E anche in questo caso la moda non le delude. Ho visto delle deliziose T-shirt per cinquantenni con su stampato Pisolo ad altezza naturale. E per parure due begli orecchini di plastica con Mammolo e Brontolo. Siamo ben messi.

Birra per cani e Ray-Ban per mosche

In Olanda in questi giorni è uscita sul mercato la prima birra per cani. Si chiama Kwispelbier che significa birra che scodinzola. Mi sento sollevata. Perché penso che nel mondo c'è qualcuno più pirla di me. La birra per cani perché? L'hanno chiesta i cani? Non credo. Che io sappia non c'è mai stato un segugio che si sia seduto al pub a chiedere una Ceres. Un cane piscia tanto e bene anche senza birra. Pare che la figata di questa birra sia che la può bere anche il padrone perché è fatta di estratto di malto e di estratto di manzo. Pensa che bontà bersi una media di omogeneizzato freddo. Dicono che ai cani piaccia tantissimo. Be', se mischi il manzo a qualcos'altro certo che poi il cane lo beve! Io farei anche l'espresso per cani, con maiale e caffè. Anche orzo e acciughe non sarebbe male, così puoi dire alle amiche: "Sai che il mio gatto la mattina beve l'orzo?". Adesso ci toccherà vedere dei lassie con la sbudrega che tocca terra che fan le gare di rutti. Le pubblicità con gli schnauzer col cappello da alpino e la barbina piena di schiuma bianca.

No, continuiamo pure così. Con metà del mondo che muore di fame e l'altra metà che inventa boiate. Io propongo anche: il Viagra per muli, i Ray-Ban per mosche e il deodorante per polpi che se lo mettono sotto le otto ascelle.

Ma non c'è fine alla cretineria umana. Sentite qua. È arrivato in Italia a metà marzo *Naked News*, telegiornale condotto da giornaliste nude. Tu ti sintonizzi e delle parpagnacche nude come vermi ti leggono le notizie. Intanto la prima cosa: perché? Perché mettere una donna nuda a leggere il TG? Ma una donna si mette nuda quando deve fare la doccia, quando deve fare i raggi alle scapole, quando si pesa sulla bilancia per vedere se la dieta ha funzionato... Guarda. Io capirei ancora una donna nuda a condurre *Quark* ed *Elisir* che un rimando al fisico ce l'hanno... Non voglio pensare in che bagno di sudore nuoterebbe Mirabella con una maliarda svestita di fianco... Ma a leggere il TG?! Probabilmente perché così si spera di catturare il pubblico maschile. Si vede che gli uomini le notizie le ascoltano più volentieri da una bellona biotta. Bisogna poi solo vedere però cosa recepiscono, i suini. Magari la notizia è: "I marziani esistono e han già fuso col laser gli Stati Uniti" e loro intanto son lì che sperano che si alzi la speaker per vedere se è una bionda naturale. Io capirei ancora il bollettino meteo. Una al posto di Mercalli che illustra le isobare sventolando le tette per segnalare burrasca. Per dire anche una notizia tipo "Aperta la fiera di Cremona". È facile: scavalli le gambe, fai anche un po' di mimo per i non udenti. Ma se l'annunciatrice deve dare notizia di un omicidio cosa fa? Si mette due bottoni neri sui capezzoli?

E poi mi chiedo. *Naked News* farà concorrenza ai normali TG? Speriamo di no altrimenti ci toccherà convincere la Buonamici a levarsi le braghe in diretta all'ora di cena, e persuadere la Sciarelli a svestirsi per condurre *Chi l'ha visto?*, che poi mi diventa equivoco pure il titolo del programma. Pensa la Foliero che annuncia i *Bellissimi di Retequattro* con le grandissime di taglia otto? Che cascata di morbidezza...

La Gabanelli, per dire... guarda che la Milena a occhio ha un po' l'ossatura di Pinocchio, però piace. E poi per voi basta un reggicalze e anche un palo della luce acquista il suo fascino. E poi scusami. La magrezza aiuta. No, perché se sei di quelle con due parabordi da yacht, come fai? Con 'ste montagne verdi davanti e i fogli con le notizie sotto?

"Scusate... ecco e adesso passiamo a" e intanto tirano su... spostano... cercano i fogli.

Comunque, se proprio si deve, meglio le donne degli uomini. Non ce la farei a vedere braccine secche, gambine pelose che sembrano rastrelli, pettorali rovesci, e sul davanti una pancetta a meloncino rosa con l'ombelico che sembra il buco che si fa per metterci dentro il porto.

Il trauma da camerino

Prepariamoci all'estate. Fra un po' sarà tempo di chiudere i battenti. Un'ultima depilata alle gambe che non stanno più avvolte nel collant 6000 denari e alle ascelle che non se la vivono più al calduccio dentro i golfoni. Ancora una piccola capatina al negozio per accaparrarsi l'ultimo bikini in saldo.

Peccato per il trauma da camerino. Inutile pensare di esserne immuni. Non esiste luogo al mondo dove un vestito ti stia più di merda che davanti allo specchio di un camerino. Roba da mettere a repentaglio quel minimo di equilibrio psicofisico conquistato in anni di analisi, pranayama, training e corsi di rebirthing. Stare così allo stretto e vedersi tanto da vicino non è mai un'esperienza gratificante. Incredibile come in mutande tu possa acquistare l'aspetto di un grosso pipistrello. Con la cellulite a buccia di ananas, a ciuffi. A casa è diverso. Lì ti puoi specchiare da lontano. E se sei miope meglio. E poi le luci. Che razza di luci piazzano dentro ai camerini? Urfidissime. Sembra che lo facciano apposta a farti venire la faccia sversa, smunta e sinistra da *Dracula* di Bram Stoker. Io ve lo dico, commercianti d'abbigliamento. O vi date una mossa e chiamate un direttore della fotografia come al cinema che piazzi delle luci decenti nei camerini o finirà che tutte noi pitonesse saremo costrette a comperare i vestiti su Internet. Per evitare il trauma. Se non potete permettervi la spesa piuttosto lasciate i camerini al buio. E poi dite che vi dispiace ma si è bruciata la lampadina. Son quelle bugie che risolvono la vita a tutti quanti.

Che noi missitalie abbiamo già da digerire il ritorno di moda del cerchietto. Non c'è fine al peggio. Non ritornano di moda i Lozza, il gelato alla fragola a forma di piede, le palline clic clac, la borsa di Pool o i gonfiettini di plastica della Mio che impiastricciati di saponetta si appiccicavano sul muro della vasca da bagno. No. Il cerchietto. Un oggetto francamente ributtante. Io ne avrò, credo, ottocento. E tutti ottocento mi fanno venire le piaghe dietro le orecchie. Perché anche il cerchietto come il reggiseno c'ha il ferretto. Un ferro di cavallo che ti stringe il cranio. Intorno può avere cotone, velluto, gros-grain, carta scoppiettina, gommapiuma o ripieno delle polpette, ma la verità è che dentro nasconde una bella anima di piombo che ti pesa sulla fontanella e a lungo andare te la grattugia. Col cerchietto se non sei Gwyneth Paltrow ti senti badola. Molly ha portato il cerchietto per tutta l'infanzia. E per tutta l'infanzia ha avuto l'emicrania. Anche se sua mamma lo infilava attorno alla pentola dopo aver cotto la pasta. Per allargarlo. E poi c'è il problema orecchie. Dove vanno? Dietro certo. Peccato quel bell'aspetto a metà tra Mariangela di Fantozzi e un elfo dei boschi. Perché anche una creatura che possegga orecchie normali se ci spara dietro un paio di centimetri di salsiccia si ritrova la faccia ad anfora con due manici. Le creative infilano il cerchietto fra i capelli lasciandone un po' dentro e un po' fuori. Effetto levriero afgano. Orribile. Per l'estate niente cerchietto, per piacere. E bikini acquistati rigorosamente al buio. Mi raccomando.

Mister Prezzi

Che fine ha fatto Mister Prezzi, la nuova figura politica inventata dal Prodone? Mister Prezzi. Una cosa tipo Mago G. Praticamente un signore, un economista, che sembrava il fratello drogato di Luca Cordero di Montezemolo, che avrebbe vigilato sui prezzi. Ma come? Siamo in Italia e lo chiamiamo Mister? Perché? "Signor prezzi" faceva schifissimo? Poi. Mettere una donna no? Questo era veramente un ruolo professionale da affidare a una donna. Qui ci voleva la quota rosa d'ufficio. Chi meglio di noi manda avanti la casa e la baracca? Io capisco che non sopportate che le donne facciano le papesse o le presidenti della Repubblica, ma una bella "Madama-Quanto-Fa" era quel che ci voleva. Una Lady Discount, volendo fare gli esotici. Sciura Laura e l'euro? La Maîtresse de la tristesse? Comunque. La cosa bella è che Mister Prezzi lavorerà senza compenso. Gratis. Cioè metti uno a occuparsi dei prezzi però non lo paghi e deve continuare a fare il lavoro che faceva prima? Ma scusa, e quand'è che va in giro a fare il Mister e a controllare? Quando i negozi sono chiusi? Quando nei mercati c'è solo un cumulo di verdure marce con la ruspa che le tira su? Che prezzi controlla? Quelli dei cubalibre e dei mojito? Quanto costano le discoteche? Cosa fa, entra nei locali notturni a chiedere alle cubiste: "A quanto le mette le sue pere signora?". Ma non finisce qui. Mister Prezzi non ha nessun potere di dare multe, firmare contravvenzioni, o comminare pene pecuniarie. Niente. Può solo controllare. Ma allora a cosa serve che se ne vada in giro per i mercati a guardare i prezzi? Se è per dirci che il pane fino a qualche mese fa costava di meno, ce ne siamo accorti da soli.

A noi servono uno, cento, mille "Scassaminchia"! O se vogliamo dirlo in inglese "Brokeball"! Che tirino un mazzo così a quelli che aumentano i prezzi a muzzo. Ci serve un "Calabrache", un"Drop-pants", che faccia calare le brache alle compagnie petrolifere e alle grandi catene di distribuzione. Un "Rompiossa"... uno "Smash-bone" che pieghi le giunture a tutti i ladri che non fanno gli scontrini! Quello serve, se no è fuffa, in inglese "Faiffer"! Certo che mi piacerebbe sentire un'intervista a questo qui. Invece han fatto vedere otto secondi della conferenza stampa e fine. E noi non abbiamo capito niente. Perché adesso, avete notato?, nei TG fan così. Mandano interviste di quattro secondi. Cosa pensa del reato di concussione? "Ma, dunque, il reato di concussione effettivamente... " grazie, arrivederci, passiamo a un altro. Ma fallo parlare! Ma cosa lo intervisti a fare? Così non si capisce nulla. I giornalisti fan le domande e poi tagliano le risposte e l'intervistato rimane lì, col testolino che si muove a destra e a manca come i cagnolini col collo semovente dietro alle macchine. Anche a *Linea verde*. Chiedono al cuoco: "Ci dà la ricetta del caciucco?". Lui riesce a dire: "Prendete una pentola e... " via, l'intervistatore è già andato dall'artigiano dell'intaglio a chiedere che legno usa per fare le pipe e dal contadino per sapere cosa dà da mangiare ai maiali. Totale, alla fine della trasmissione ti rimane impresso che il caciucco si fa con la radica e che il maiale mangia i polpi.

L'abbronzatura a spruzzo

Bon. Si può con tutta sicurezza affermare che non ci sono più le mezze stagioni. Non ci son più le mezze stagioni ma neanche le stagioni intere. Se dopodomani Mercalli viene a dirci che a Ferragosto nevica a Palermo, non possiamo neanche dargli del cretino perché magari potrebbe succedere. Non ci sono più primavera, estate, autunno e inverno, c'è un'unica gigantesca stagione, un'unica poltiglia di pioggia, vento, sole, gelo, trombe d'aria, nebbia e sconocchiate di grandine. È una tragedia anche per gli stilisti. Io ve lo dico. Scordatevi le sfilate autunno-inverno, primavera-estate. Fate un'unica collezione. La monostagione. La collezione monostagione che rilanci lo strato. Tutti vestiti come pasta sfoglia. Una roba sull'altra. Con il prendisole che sbrindella da sotto il maglione e gli shorts sopra i fuseaux di lana cotta. Pensa Vivaldi se nasceva adesso? Altro che star lì a scrivere *Le quattro stagioni* una per una. Faceva un'unica strombazzata con fischi e pernacchi, la chiamava *Tempo di merda* ed ecco fatto.

Anche i giornali si adeguano. Niente più articoli sul soprabito e le diete purificanti di primavera, ma si arriva subito al "Torna di moda il costume intero". Che poi sono balle. Basta vedere le foto. Quelli non sono veri costumi interi. I costumi interi son quelli di una volta, scafandri compatti da cui sbucavano a stento le cosce, strizzate come due salame da sugo. Delle armature di nylon blu suora che appiattivano le tette come sottilette, con delle spalline che ti segavano a X tutte e due le scapole. I costumi che vanno di moda adesso sono bikini collegati. È tutto un cordino, uno sfilaccio, un giunto cardanico, una catena e un collare. Giusto per coprire le parti fondamentali della donna, che sono poi tre: tette, culo e portale Yahoo. Appendono fra le due parti del bikini qualsiasi cosa. Corde, medaglie, ritagli, frattaglie, stoppa, cordura ed ecco fatto il costume intero alla moda. Dei ponticelli di perline e Swarovski che se non sei più che brava a nuotare appena entri in acqua affondi per il peso. Senza contare che finisce che ti abbronzi a spruzzo. Tante sono le cose che si fanno a spruzzo, soprattutto se si abusa di bifidus attivo come fa la Marcuzzi, ma l'abbronzatura no. Son già sempre bianca come un Pierrot, permetti che quei tre giorni che vado al mare non voglia tornare stampata a lunette e quadretti come le federe dei neonati? Un'abbronzatura a macchie nere e gialle come le salamandre? Costumi così non li puoi tenere più di un'ora addosso altrimenti finisci come i festoni delle tortiere.

Io direi una cosa. Per levarsi dall'impiccio. A questo punto esageriamo. Brevettiamo un costume che fa i tatuaggi. Tipo stencil. Che lo puoi comprare al Bricocenter. Un costume che da dietro c'ha un traforato che ti stampa una catenella di quadrifogli lungo tutta la spina dorsale. O una ghirlanda di cozze sotto le tette o addirittura una scritta a caratteri cubitali sopra il pube. "Se interessati telefonare al... massima serietà."

Evacuati o rimborsati

Maremoto nel mondo del calcio. In molti stadi si è giocato a porte chiuse in attesa che gli stadi fossero messi in regola. Ma qualche presidente ha mugugnato: "Eh ma... lo sport e la domenica, e i tifosi...". Amici? Amici president reserve? È vero che la violenza ormai c'è un po' da tutte le parti, che siamo tutti un po' fuori di testa. Però è anche vero che in nessun altro luogo della nostra esistenza è permesso quello che è permesso allo stadio. Se vai al cinema con le spranghe e le tasche gonfie di bombe carta chiamano i carabinieri. Prova ad accendere un fumogeno da Blockbuster? Viene l'impiegato e te lo schiaffa nel DVD. Sputi in testa a un vigile del fuoco? Dopo devi correre al pronto soccorso a farti sfilare l'idrante, però. Vai davanti alla questura a dare una tortorata in testa al questore? Vedi, dopo, come ridi coi denti inchiavardati. Pirla! Invece negli stadi manca solo che prendano un ultrà da un'altra curva e lo facciano allo spiedo col rosmarino.

Per salvare capra e cavoli si può fare così. Aprire gli stadi non a norma e farci entrare solo gli ultrà assatanati. Si controlla ai tornelli che tutti abbiano almeno una spranga o una molotov, se no non entrano, poi si chiudono dentro e si lasciano lì a sfogarsi per bene, a fare le lotte tra loro come facevano i dinosauri, che poi grazie al cielo alla fine si sono estinti.

Agli esagitati che non potranno andare allo stadio il destino però riserva un'altra opportunità per alimentare la sete di violenza. Tipo prendersi un bel DVD e vedersi *Hannibal Lecter*. Sottotitolo: *Le origini del male*. Ecco. Se non c'era qualcuno che mi spiegava perché Hannibal Lecter era diventato cannibale sai che non dormivo la notte? Hannibal è diventato cannibale per vendicare la sorella. Mi sembra un ottimo motivo. E anche un bel messaggio. Se qualcuno ti fa un torto, mangialo. Buono a sapersi. Devo dire al mio boy che se mi rompe ancora gli mastico un sopracciglio. Il trailer è delizioso. Si vede Hannibal che dice: "Buongiorno ispettore, stamattina farò colazione con lei" e poi smsmm-bdsadhahjfsgf gli mangia la faccia. Speriamo che per cena si sia tenuto il boccone del prete. Posso dire qual è? O "culo" non lo devo dire?

A proposito. Non c'è fine alla naturale regolarità della Marcuzzi. Nel nuovo spot si vede lei garrula, probabilmente perché ha appena evacuato, che dice a una bella coppietta di stitiche: "Cosa fai? Ti fai i beveroni di acqua calda ogni mattina, ti frulli la qualsiasi? Pazza. Mangia lo yogurt e vedrai". E la pubblicità si chiude con una frase meravigliosa: "Soddisfatti o rimborsati". Ma come soddisfatti o rimborsati? Come fai a dimostrarlo? Cioè se sei soddisfatto ancora ancora. Vai lì col tuo vaso da notte e dici: "Guardi qua che roba dottoressa! Tutto grazie a lei, eh?". Ma se non sei soddisfatta, come fai a dimostrare che non funziona? Vai lì col vaso da notte vuoto, secco come il deserto del Gobi e gli dici: "Guardi qua che tristezza dottoressa... manco una briciola... vuoto di senso, senso di vuoto. Nonostante lo yogurt son sei giorni che nisba. Ho persino gli occhi che sporgono in fuori..."?

Il walter di Michelangelo

Diciamocelo. Quando son finite le ferie avremmo proprio bisogno di qualche giorno di vacanza. Io mi sento il vigore degli ossi di gomma che si danno ai cani e ho un residuo di abbronzatura a chiazze, mappato come le borse di Alviero Martini. Sarà l'effetto del sole ma mi stan pure venendo gli occhi come gli elefanti. Con le palpebre spesse, a fisarmonica. Ecco che arriva Molly. Parbleu. "Le ferie felici si somigliano tutte. Solo quelle sfigate son disgraziate a modo loro." Eccola. La Karenina di Borgata Parella. Strizzata in un toppettino color livido. "'Ste vacanze sono state un inferno. Non lo reggo più. Il mio moroso è un tacchino disossato, capace solo di fare il pirla con qualunque dotata di due tette e una gonna. L'ho sopportato come si sopporta la spina di riccio nel piede se non si hanno le pinzette." In effetti Igor è un uomo cavolino di Bruxelles. Buono ma pesante. Non riesci a digerirlo. "Che fa tanto il figo con le donne ma poi ha la vivacità erotica di Capitan Findus. Per lui il richiamo della carne scatta soltanto davanti a un piatto di scaloppine..." Ribolle. Come l'uva nelle botti di rovere. "Guarda che non ho mica tanto tempo da perdere. Comincio ad avere le prime vampate, produco calore come una stufa a pallet." Io pensavo che il primo problema del principe Aigor fosse la sua evidente debolezza di comprendonio. "Appunto. Sono settimane che mi tappo le orecchie per non sentire quel fiume di minchiate che esce dalla sua bocca. Ma ora la misura è colma. Il fiume di minchiate ha rotto gli argini e sta formando un lago di puttanate di scarso valore paesaggistico." Quando Molly parla così a raffica mi dà l'impressione che abbia più lingue, tante quante le braccia della dea Calì. "È andata male anche la gita a Firenze." Già, non dovevi andare a vedere il David di Michelangelo? "Appunto. Delusione cocente anche quella." E perché mai? "Un marcantonio di marmo altro quattro metri con un walter minuscolo... " Ma pensa questa, cosa va a guardare in un capolavoro della storia dell'arte! "Hai notato? Che beccuccio da teiera? Che ravanello coltivato senza fertilizzanti? Che trapano da orefice? Ma come, un bestione di quattro metri di marmo mastodontico e mezz'etto di scagliola?" Io fosse qui glielo chiederei a Michelangelo come mai. "No, perché dico, in Oriente, in Africa, in Oceania gli scultori del passato facevano il contrario... Facevano delle statuette di virilità maschili minuscole che non stavano in piedi perché sul davanti gli montavano dei sifoni, dei cannoni di Navarone, dei merluzzi da record... e invece noi occidentali facciamo delle statue maschili, guarda anche i bronzi di Riace, con dei pirilli da criceto." Forse Michelangelo si era dimenticato, ha dovuto farglielo all'ultimo momento con l'avanzo di marmo che gli era rimasto. Oppure voleva lanciare il messaggio che un uomo con poco walter può essere fiero egualmente. Infatti il David sembra che dica sventolando la mano: "Al posto di un avvoltoio ho il passerotto della Rocchetta e allora?". Ok, Molly. Lascia perdere l'amore e dedicati alla critica d'arte.

Ringraziamenti

A tutti. Ma proprio tutti, tutti, tutti. Dal primo all'ultimo.

Arnoldo Mondadori Editore S.p.A.

Questo volume è stato stampato
presso Mondadori Printing S.p.A.
Stabilimento Nuova Stampa Mondadori - Cles (TN)

Stampato in Italia - Printed in Italy